AF561982

Kerstin Leyendecker

Das Trauer-Tagebuch

Dein Begleiter zur Trauerbewältigung

OMNINO

IMPRESSUM

Bibliografische Informationen der Deutschen Nationalbibliothek
Die Deutsche Nationalbibliothek verzeichnet diese Publikation in der Deutschen Nationalbibliografie; detaillierte bibliografische Daten sind im Internet über http://dnb.d-nb.de abrufbar.

ISBN: 978-3-95894-192-2

Dieses Buch ist meiner
großen Tochter und meiner
Mutter gewidmet.

INHALTSVERZEICHNIS

VORWORT

Wie schön, dass du mich gefunden hast! Ich bin dein kleiner Begleiter auf einer ziemlich turbulenten Fahrt.

Es gibt eine Menge Literatur rund um das Thema Trauern und das erste Jahr in dieser schweren Zeit. Aber Trauern ist so individuell wie unsere Persönlichkeit und die Trauer ist auch nicht nach einem Jahr vorbei. Zudem ist jede Situation anders. So trauern wir um einen verlorenen Menschen oder um unser geliebtes Haustier, aufgrund einer Trennung oder um den Verlust von Arbeit oder Wohnsitz. Es gibt viele Gründe und Ereignisse, die uns trauern lassen. Dabei macht es einen Unterschied, ob wir etwas oder jemanden verlieren, wenn wir Abschied nehmen konnten, als wenn es plötzlich geschieht und wir unvorbereitet sind. In meiner Arbeit als systemischer Coach in Veränderungsprozessen kann ich in Unternehmen genauso wie in der Trauerbegleitung und in der Beratung von Privatpersonen immer wieder bemerken, wie wichtig es ist, der Trauer zu begegnen, ihr ein Gesicht zu geben und den eigenen Weg im Umgang mit ihr zu finden. Trauer ist individuell. Sie darf nicht nur sein, sondern sie hat ihre Berechtigung und sie ist wichtig für einen gesunden weiteren Lebensweg.

Aus diesem Anspruch heraus – nämlich die Wirklichkeit eines jeden Einzelnen ernstzunehmen und individuell zu betrachten – ist dieses begleitende Trauertagebuch entstanden.

Jeden Tag begrüßt es dich, lässt dich den Tag beginnen und gibt dir Impulse, um deine Gedanken zu sortieren, jeden Tag einen Schritt weiterzukommen, vom Kopf und vom Herzen her.

Dieses Buch soll unterstützen während der ersten 365 Tage nach deinem Verlust. Deshalb habe ich nicht einfach nur einen Text über das Trauern geschrieben. Am Ende wäre das viel zu losgelöst von deinem Schmerz geblieben. Es wäre nur eine Betrachtung von oben aus der Vogelperspektive geblieben. Deshalb wollte ich ein Buch machen, das dir zu deinem Partner in der Trauerarbeit wird. Dein bester Freund, dein Medium, um dich anzuvertrauen und deine Trauer rauszulassen. Hier findest du deshalb Platz, um Aufzeichnungen zu Gefühlen zu erstellen und persönliche Fragestellungen zu skizzieren bzw. diese für dich selbst zu beantworten.

Dieses Buch soll ein Buch deiner persönlichen Entwicklung sein. Für mich, und hoffentlich auch für dich, ist in diesem Prozess das

Schreiben zum wichtigsten Instrument geworden. Schreiben kann helfen, Gedanken zu ordnen und Worte für das zu finden, was passiert ist und verarbeitet werden möchte. Nimm dieses Buch also als ein Angebot, dich Schritt für Schritt vorzuwagen. Es beinhaltet neben der Möglichkeit, etwas auszufüllen, auch kleine Übungen, die dir helfen sollen, dich auf der Achterbahnfahrt der Gefühle zurechtzufinden.

In Anlehnung an das Modell nach den Wissenschaftlern Margaret Stroebe und Dr. Henk Schut (Duales Prozess-Modell von Verlusterfahrung) ist der Weg der Trauer und des Abschieds nämlich ähnlich wie eine Fahrt auf der Achterbahn: Mit Höhen und Tiefen, mit Turbulenzen und vielleicht auch mit ein paar Salti. Wie lange die Fahrt dauern wird, weiß keiner. Das Wichtigste ist, dass du dir Zeit für dich und deine Trauer nimmst – egal was andere sagen!

Du bist nicht vorher gefragt worden, ob du Lust hast auf diese Fahrt der Achterbahn des Lebens und nun sitzt du ganz vorn im ersten Waggon, fest angeschnallt und mit Blick ins Ungewisse.

Auf einer normalen Achterbahn, für die wir das Ticket selbst gekauft haben, würde sich jetzt das Kribbeln einstellen, welches den ganzen Körper erfüllt. Gepaart mit ein wenig Aufregung und vielleicht auch etwas feuchten Händen, aber mit ganz viel Mut und Freude auf das, was kommen wird.

Diese Fahrt hier wird anders. Am liebsten würdest du aussteigen und auch das Vertrauen scheint nicht wirklich bei dir zu sein. Warum auch? Schließlich bist du allein. Freude auf das, was kommen wird, gibt es wohl kaum und mutig zu sein, fällt dir ebenso schwer. Dein Körper schüttet auch eher Stresshormone anstatt Glücksgefühle aus. Aber es gibt keinen Grund zu verzweifeln. Ich bin da! Und gemeinsam schaffen wir auch diese Fahrt.

Du wirst auf jedem Teilstück feststellen können, wie sich die Fahrt und damit auch die Trauer verändern. Anfangs wie gelähmt gehst du schließlich Stück für Stück und Schritt für Schritt voran. Hab Vertrauen in dich selbst! Du wirst deinen Weg finden! Und wenn du magst, setze ich mich einfach neben dich in den Waggon und begleite dich durch die kommenden Abschnitte und Turbulenzen auf deiner persönlichen Wegstrecke ...

Ich wünsche dir viel Erfolg und alles Liebe auf deinem Weg!

Herzlichst,
deine Kerstin Leyendecker

DAS TRAUERMODELL NACH STROEBE UND SCHUT

Es gibt eine Vielzahl an Modellen in der Trauerarbeit und zur Trauerreaktion. Doch nur eines geht auf die Dynamik ein, die die Achterbahnfahrt beschreibt, von der ich spreche, und an diesem Modell orientiert sich dieses Buch.

Dr. Margaret Stroebe und Dr. Henk Schut haben die Verlustverarbeitung aus zwei Perspektiven dargestellt, die sich einander bedingen: Die verlustorientierte und die wiederherstellungsorientierte Seite. Einmal findet dabei die Bewältigung von Trauer in der indirekten Auseinandersetzung mit dem Tod oder mit dem Verlust der Beziehung zu jemandem oder etwas statt, und zum anderen direkt in der Auseinandersetzung mit den Begleiterscheinungen, die dieser Verlust mit sich bringt, wie z.B. finanzielle Nöte, Isolation, Unverständnis aus der Umwelt usw. Wir können uns in der Trauerbearbeitung nur einem dieser Pole zuwenden und vernachlässigen dann automatisch den anderen. Vereinfacht und kurz gesagt, wenden wir uns also zum Beispiel an einem Tag ganz und gar der Trauer zu. Wir weinen, spüren den Verlust auch körperlich und haben Angst, und an einem anderen Tag gehen wir dem Alltag nach und lenken uns von dem Verlust ab, versuchen uns den Aufgaben zu stellen und uns neu zu orientieren. Denn auch eine Pause ist ganz wichtig!

So geht es dann mal auf, mal ab, mal in die eine, mal in die andere Richtung, und wir sind mitten drin in einer Achterbahnfahrt von Gefühlen, Emotionen und Aufgaben ...

Wichtig ist es zu wissen, dass alle Gefühle sein dürfen. Es gibt kein richtig oder falsch, kein schnelles oder langsames Trauern. Denn du bist du und du nimmst den Weg, der dir richtig erscheint, und du brauchst für diesen Weg so lange, bis du das Gefühl hast, wieder Boden unter den Füßen zu spüren, und die Achterbahn verlässt.

TRAUER IST KEINE KRANKHEIT

Trauer entsteht durch ein belastendes Lebensereignis. In solch einer Krisensituation wirken sogenannte Stressoren, die dann Stress in uns auslösen.

Stresshormone sind evolutionär und in uns verankert. Sie bewegen uns in Stresssituation zu Flucht oder Kampf. Die wichtigsten Hormone, die in Krisensituationen in uns wirken, heißen:
Adrenalin, Noradrenalin und Cortisol. Sie bewirken, dass

- der Blutzuckerspiegel steigt
- dein Puls schneller wird
- die Grundbedürfnisse aussetzen
- das Schmerzempfinden weniger wird
- das Herz-Kreislaufsystem leistungsfähiger wird und
- deine Immunabwehr gesteigert wird.

Dauerhaft machen Stresshormone dem Körper ganz schön zu schaffen und können krank machen. Aber in der Zeit der Achterbahnfahrt sind sie völlig normale Begleiter.

Sie sind sogar wichtig, denn unser Körper als ein Wunderwerk der Natur schützt uns und animiert uns zu handeln, damit wir überleben. Trauer ist keine Krankheit! Wenn wir sie zulassen und unseren Weg gefunden haben, werden wir die Achterbahn eines Tages verlassen können und unserem Leben wieder einen neuen Sinn geben!

KLEINE ANLEITUNG FÜR DIESES TRAUERTAGEBUCH

DAS „AMPELSYSTEM“

Das bewährte Ampelsystem, das wir aus vielen anderen Zusammenhängen kennen, habe ich auch in diesem Buch eingesetzt:

Du kannst an jedem Tag entscheiden, ob die Ampel für diesen Tag rot, gelb oder grün geschaltet werden soll. Dazu hältst du einfach neben einem normalen Stift die drei Farben als Buntstifte bereit oder trägst es am Abend nach, wenn du den Tag Revue passieren lässt. Dabei steht Rot für einen schlechten Tag, der dir schwergefallen ist, Gelb für einen Tag, an dem du dich ganz gut durchgeschlagen hast und Grün für einen sehr guten Tag, auf den du stolz sein darfst.

DIE EINZELNEN AUFGABEN

... sind hoffentlich selbsterklärend, denn ich möchte es ja nicht noch komplizierter machen, als es ohnehin schon ist! An manchen Tagen wirst du vielleicht auch keine Lust haben, mit mir zu sein. Dann ist das auch gut. Umgekehrt findest du vielleicht Freude an einer bestimmten Aufgabe und du hast Lust, noch mehr zu malen, zu schreiben, auszufüllen, in der Natur spazieren zu gehen oder ...

Alle Übungen kannst du darum als ein Angebot verstehen. Wenn du dich danach fühlst, sie auszuprobieren, dann tu es, und wenn du mit einer Übung so gar nichts anfangen kannst, dann lässt du sie eben! Du kannst täglich mit mir gehen oder mich ein paar Tage liegen lassen. Es gibt für jeden Tag deines ersten Trauerjahres eine Seite, die du nutzen kannst. Vielleicht ist manches Mal zu viel Platz, ein anderes Mal zu wenig. Dann nimmst du dir eben ein anderes Blatt und klebst es hier ein. Deiner Kreativität sind keine Grenzen gesetzt. Dies ist ein Rahmen, in dem du dich gern bewegen darfst, den du aber auch gern sprengen kannst.

Aber jetzt geht’s los!

TAG 0 BIS 365

Heute ist es passiert! Zurückgeblieben, übrigbleiben müssen, allein sein. Nebelig, dumpf, still, wirr, einsam ... so fühlt es sich an. Und keiner ahnt, wie es in dir aussieht.

Du bist zu nichts in der Lage gewesen an diesem Tag oder du hast einfach nur funktioniert. Erinnerst du dich?

Wir starten mit deinem Tagebuch so:
Versuch dir einmal vorzustellen, die Trauer ist wie eine Person, die in dein Leben getreten ist. Erzähl mir, was geschehen ist und schildere mir deine Wut, deine Sorgen und Ängste, deine Traurigkeit und den Grund deiner vielen Tränen. Was hat die Trauer mit dir gemacht? Wieso ist sie da und wie fühlt es sich für dich an? Ich helfe dir und fange einfach mal an ...

Heute ist der *(Datum)*

Es ist ein *(Wochentag)*

Ich habe heute *(Ereignis/Name)*

verloren, weil *(was passiert ist)*

TAG **0**

- An diese Dinge erinnere ich mich ganz genau: ...
- Diese Dinge weiß ich gar nicht mehr: ...
- Seitdem die Trauer da ist, ...
- Für mich ist es kaum auszuhalten, dass ...
- Ich wünschte, ...

Heute ist *(Wochentag und Datum)*

MORGENS:

Wie war deine Nacht? *Traumlos* *Albtraummäßig* *Traumhaft*

Das möchte ich dazu festhalten: ...

TAGSÜBER:

Gedanken, die kommen und gehen: ...

ABENDS:

TAG 1

Wie war dein Tag?

- Das muss ich dir unbedingt erzählen: ...
- Ich fühle mich: ...
- Darüber habe ich mich heute gefreut: ...
- Das hat mich zum Nachdenken gebracht: ...
- Ich brauche: ...

Heute ist *(Wochentag und Datum)*

MORGENS:

Wie war deine Nacht? *Traumlos* *Albtraummäßig* *Traumhaft*

Das möchte ich dazu festhalten: ...

TAGSÜBER:

Gedanken, die kommen und gehen: ...

ABENDS:

Wie war dein Tag?

- Das habe ich heute erlebt: ...
- Ein Gedanke, der mir immer wieder kommt: ...
- Ich habe mir etwas vorgenommen, nämlich: ...
- Wen oder was kann ich derzeit einfach nicht ertragen?
- Wer oder was hilft mir gerade sehr?

Heute ist *(Wochentag und Datum)*

MORGENS:

Wie war deine Nacht? *Traumlos* *Albtraummäßig* *Traumhaft*

Das möchte ich dazu festhalten: …

TAGSÜBER:

Gedanken, die kommen und gehen: …

ABENDS:

TAG **3**

Wie war dein Tag?

Auf einer Skala von 1 (schlecht) bis 10 (sehr gut), wo würdest du dich sehen?

1 2 3 4 5 6 7 8 9 10

- Heute war ich positiv überrascht von: ...
- Das hat mir ganz schön zugesetzt: ...
- Dafür bin ich ausgesprochen dankbar: ...

Heute ist *(Wochentag und Datum)*

MORGENS:

Wie war deine Nacht? *Traumlos* *Albtraummäßig* *Traumhaft*

Das möchte ich dazu festhalten: ...

TAGSÜBER:

Gedanken, die kommen und gehen: ...

ABENDS:

TAG 4

Wie war dein Tag?

- Diese drei Schlagworte sagen zu heute alles:

Heute ist *(Wochentag und Datum)* . . . .

MOODBOARD:

Eine sehr schöne, heilsame und entspannende Methode ist es, deine Gefühle in Bildern festzuhalten. Geh bewusst in die Stille oder mach dir Musik an, die dir gut gefällt und bei der du Ruhe findest ...

Sicherlich hast du Zeitungen, Zeitschriften oder alte Bücher in deiner Nähe. Such nach Farben, Formen, nach Gesichtern und Orten, nach Stimmungen, die dein Inneres wiedergeben. Sammle so viel du finden kannst und reiße oder schneide die Dinge aus, die dich ansprechen. Es geht nicht um Schönheit, sondern um deine Stimmung. Im nächsten Schritt klebst du alles auf ein Blatt Papier oder auf Pappe oder auf eine Leinwand auf. Betrachte dein Moodboard und wenn du magst, dann notierst du zusätzlich einzelne Worte, die dir dazu in den Sinn kommen, kleine Überschriften oder Sätze, die du eventuell festhalten möchtest.
Wie gefällt dir dein kleines Kunstwerk?

TAG 5

Heute ist *(Wochentag und Datum)*

MORGENS:

Wie war deine Nacht? *Traumlos* *Albtraummäßig* *Traumhaft*

Das möchte ich dazu festhalten: ...

TAGSÜBER:

Gedanken, die kommen und gehen: ...

ABENDS:

TAG **6**

Wie war dein Tag?

- Das muss ich dir unbedingt erzählen: ...
- Ich fühle mich: ...
- Darüber habe ich mich heute gefreut: ...
- Das hat mich zum Nachdenken gebracht: ...
- Ich brauche: ...

Heute ist *(Wochentag und Datum)*

MORGENS:

Wie war deine Nacht? *Traumlos* *Albtraummäßig* *Traumhaft*

Das möchte ich dazu festhalten: ...

TAGSÜBER:

Gedanken, die kommen und gehen: ...

ABENDS:

Wie war eigentlich die ganze Woche?

Dazu habe ich eine Idee: Schreib der Trauer einen Brief. Sag ihr, was sie mit dir gemacht hat. Sag ihr, wie du sie findest. Frag sie, was dich beschäftigt. Ich fange für dich an:

Liebe Trauer,
du hast mich ganz schön umgehauen. Ich habe mir nicht vorstellen können, dass ...

Heute ist *(Wochentag und Datum)*

MORGENS:

Wie war deine Nacht? *Traumlos* *Albtraummäßig* *Traumhaft*

Das möchte ich dazu festhalten: ...

TAGSÜBER:

Gedanken, die kommen und gehen: ...

ABENDS:

TAG **8**

Wie war dein Tag?

- Das habe ich heute erlebt: ...
- Ein Gedanke, der mir immer wieder kommt: ...
- Ich habe mir etwas vorgenommen, nämlich: ...
- Wen oder was kann ich derzeit einfach nicht ertragen?
- Wer oder was hilft mir gerade sehr: ...

Heute ist *(Wochentag und Datum)*

MORGENS:

Wie war deine Nacht? *Traumlos* *Albtraummäßig* *Traumhaft*

Das möchte ich dazu festhalten: ...

TAGSÜBER:

Gedanken, die kommen und gehen: ...

ABENDS:

TAG 9

Wie war dein Tag?

- Das muss ich dir unbedingt erzählen: ...
- Ich fühle mich: ...
- Darüber habe ich mich heute gefreut: ...
- Das hat mich zum Nachdenken gebracht: ...
- Ich brauche: ...

Heute ist *(Wochentag und Datum)*

MORGENS:

Wie war deine Nacht? *Traumlos* *Albtraummäßig* *Traumhaft*

Das möchte ich dazu festhalten: ...

TAGSÜBER:

Gedanken, die kommen und gehen: ...

ABENDS:

TAG 10

Wie war dein Tag?

- Diese drei Schlagworte sagen zu heute alles:

Heute ist *(Wochentag und Datum)*

MORGENS:

Wie war deine Nacht? *Traumlos* *Albtraummäßig* *Traumhaft*

Das möchte ich dazu festhalten: ...

TAGSÜBER:

Gedanken, die kommen und gehen: ...

ABENDS:

TAG 11

Wie war dein Tag?

Auf einer Skala von 1 (schlecht) bis 10 (sehr gut), wo würdest du dich sehen?

1 2 3 4 5 6 7 8 9 10

Heute ist *(Wochentag und Datum)*

MORGENS:

Wie war deine Nacht? *Traumlos* *Albtraummäßig* *Traumhaft*

Das möchte ich dazu festhalten: ...

HEUTE MÖCHTE ICH DIR ETWAS VORSCHLAGEN:

Es kann wichtig sein, dass du deinem Tag ein wenig Struktur gibst. Dabei kann es hilfreich sein, einen kleinen To-do-Plan zu erstellen.

Sei das Ziel auch noch so klein: Es ist ein Meilenstein auf deinem Weg und es lohnt sich, dafür weiterzugehen.

Ein Ziel auf deinem Plan könnte sein, eine Einkaufsliste zu schreiben und den Einkauf zu erledigen. Ein anderes Ziel kann sein, einen wichtigen Anruf zu tätigen oder Post zu öffnen. Oder einen Spaziergang zu machen! Probier es doch einmal aus. Du wirst sehen, wie viel Freude es macht, wenn du ein Vorhaben in die Tat umgesetzt hast, und es wird dich stärken und stolz machen. Wir beschränken uns auf höchstens drei Dinge, die du dir für den Tag heute vornimmst. Und auch, wenn es nur ein Ziel ist. Das ist ein guter Anfang! Du kannst nicht verlieren, nur gewinnen. Also: Nur Mut!

Mein Plan für heute:

1.

2.

3.

INPUT „ZIELE“:

TAG 12

Ziele sind Motivatoren. Sie helfen uns besonders in Zeiten wie diesen, voranzukommen. Manchmal erscheint ein Ziel ganz lapidar und einfach, manchmal ist es beinahe unerreichbar – so glauben wir. Aber genau dieser Glaube daran und der Glaube an dich selbst versetzen Berge! Setze dir also zunächst kleine Ziele. Wenn du beispielsweise bislang Mühe hattest, morgens überhaupt aufzustehen, weil du müde bist, keine Kraft hast und dir ohnehin alles sinnlos erscheint, dann könnte dein erstes Ziel lauten: Ich stehe morgen früh auf, wenn ich wach geworden bin, und wasche mir mein Gesicht.

Wichtig ist es, dass du dein Ziel so formulierst, dass es realistisch ist und dass du es auch wirklich erreichen kannst. Dann kannst du dich nämlich hinterher auch sehr freuen, wenn du es geschafft hast, und stolz auf dich sein!

Ziele können auch kleine Herausforderungen sein, die dich anspornen sollen. Hat es also zum Beispiel mit dem Aufstehen geklappt, könnte als Nächstes ein Spaziergang an der frischen Luft hinzukommen.

Die lästigen Dinge, die du vielleicht auch noch erledigen musst, wie z.B. Aufräumen, Einkaufen, mit dem Chef Telefonieren und so weiter, schreibst du dir am besten auf einen großen Zettel. Das sind Ziele, die uns ganz schön unter Druck setzen können in der jetzigen Situation. Kennst du jemanden, der dir dabei helfen kann? Dann darfst du dich diesem Jemand gern anvertrauen! Nimm dir angebotene Hilfe und Unterstützung an. Es ist keine Schande und auch nicht peinlich, sondern sie kann dir Halt geben und du hast es verdient!

Heute ist *(Wochentag und Datum)*

MORGENS:

Wie war deine Nacht? *Traumlos* *Albtraummäßig* *Traumhaft*

Das möchte ich dazu festhalten: ...

Dinge aus meinem Plan von gestern, die ich noch machen möchte:

1.

2.

Neues Tagesziel für heute:

TAGSÜBER:

Gedanken, die kommen und gehen: ...

ABENDS:

TAG 13

Wie war dein Tag?

- Das möchte ich verändern: ...
- Ich merke, dass ich schon ganz gut darin bin, ...
- Darauf bin ich stolz: ...

Heute ist *(Wochentag und Datum)*

MORGENS:

Wie war deine Nacht? *Traumlos* *Albtraummäßig* *Traumhaft*

Das möchte ich dazu festhalten: ...

TAGSÜBER:

Gedanken, die kommen und gehen: ...

ABENDS:

TAG 14

Wie war dein Tag?

Auf einer Skala von 1 (schlecht) bis
10 (sehr gut), wo würdest du dich sehen?

1 2 3 4 5 6 7 8 9 10

Heute ist *(Wochentag und Datum)*

MORGENS:

Wie war deine Nacht? *Traumlos* *Albtraummäßig* *Traumhaft*

Das möchte ich dazu festhalten: ...

Wenn ich einen kurzen Blick zurück auf die vergangenen vierzehn Tage werfe, dann hat sich Folgendes verändert:

1.

2.

3.

Neues Tagesziel für heute:

TAGSÜBER:

Gedanken, die kommen und gehen: ...

ABENDS:

TAG 15

Wie war dein Tag?

- Das habe ich heute erlebt: ...
- Ein Gedanke, der mir immer wieder kommt: ...
- Ich habe mir etwas vorgenommen, nämlich: ...
- Wen oder was kann ich derzeit einfach nicht ertragen?
- Wer oder was hilft mir gerade sehr?

Heute ist *(Wochentag und Datum)*

MORGENS:

Wie war deine Nacht? *Traumlos* *Albtraummäßig* *Traumhaft*

Das möchte ich dazu festhalten: ...

Dinge aus meinem Plan von gestern, die ich noch machen möchte:

1.

2.

Neues Tagesziel für heute:

TAGSÜBER:

Gedanken, die kommen und gehen: ...

TAG 16

ABENDS:

Wie war dein Tag?

- Diese drei Schlagworte sagen zu heute alles:

Heute ist *(Wochentag und Datum)*

MORGENS:

Wie war deine Nacht? *Traumlos* *Albtraummäßig* *Traumhaft*

Das möchte ich dazu festhalten: ...

Dinge aus meinem Plan von gestern, die ich noch machen möchte:

1.

2.

Neues Tagesziel für heute:

TAGSÜBER:

Gedanken, die kommen und gehen: ...

ABENDS:

TAG 17

Wie war dein Tag?

- Das möchte ich verändern: ...
- Ich merke, dass ich schon ganz gut darin bin, ...
- Darauf bin ich stolz: ...

Heute ist *(Wochentag und Datum)*

MORGENS:

Wie war deine Nacht? *Traumlos* *Albtraummäßig* *Traumhaft*

Das möchte ich dazu festhalten: ...

Dinge aus meinem Plan von gestern, die ich noch machen möchte:

1.

2.

Neues Tagesziel für heute:

TAGSÜBER:

Gedanken, die kommen und gehen: ...

ABENDS:

TAG 18

Wie war dein Tag?

- Diese drei Schlagworte sagen zu heute alles:

Heute ist *(Wochentag und Datum)*

ÜBUNG ZUM ENTSPANNEN UND EINSCHLAFEN:

Wie sieht es eigentlich mit dem Schlafen aus? Ich möchte dir heute eine Entspannungstechnik erklären, die dir helfen kann, falls deine Gedanken immer wieder kreisen und du Mühe hast, (wieder) einzuschlafen. Außerdem hilft sie dir auch dabei, deinen gesamten Körper ein wenig zu entlasten.

Es gibt Meditationen, Yoga, autogenes Training und noch mehr Varianten, zu dir zu finden. Wenn der Geist und eventuell auch der Körper unruhig sind, ist die PMR (progressive Muskelrelaxation) nach Jacobsen eine tolle Chance, dich zu fokussieren und Ruhe und Entspannung zu finden.

Du legst dich dazu ganz bequem hin. Deine Beine sind ausgestreckt und dein Körper liegt gerade auf deiner Unterlage. Nun beginnst du, verschiedene Körperbereiche bzw. die Muskeln in diesem Bereich ganz bewusst anzuspannen. Am einfachsten funktioniert es meist mit den Händen. Balle deine Hände fest zu Fäusten. Konzentriere dich auf die Anspannung und halte diese für ein paar Sekunden. Wenn du wieder loslässt, entspannen sich deine Muskeln, und du darfst einmal nachspüren. Welchen Unterschied kannst du zu vorher bemerken? Das Gleiche wiederholst du nach und nach mit deinen Beinen, mit deinem Bauch und Po, mit den Schultern, dem Nacken und deinem Gesicht. Press die Zähen fest aufeinander und lass wieder los, kneif deine Augen zusammen und entspann wieder nach ein paar Sekunden. Du darfst auch gern deine Schläfen selbst ein wenig massieren. Nutze dazu deine Fingerspitzen und verändere den Druck ab und an. Merkst du, dass es deinem Körper guttut?

TAG 19

Heute ist *(Wochentag und Datum)*

MORGENS:

Wie war deine Nacht? *Traumlos* *Albtraummäßig* *Traumhaft*

Das möchte ich dazu festhalten: ...

Wenn ich beschreiben sollte, wer oder was für mich gerade besonders wichtig (geworden) ist, dann würde ich sagen ...

Neues Tagesziel für heute:

TAGSÜBER:

Gedanken, die kommen und gehen: ...

ABENDS:

TAG 20

Wie war dein Tag?

- Das habe ich heute erlebt: ...
- Ein Gedanke, der mir immer wieder kommt: ...
- Ich habe mir etwas vorgenommen, nämlich: ...
- Wen oder was kann ich derzeit einfach nicht ertragen?
- Wer oder was hilft mir gerade sehr?

Heute ist *(Wochentag und Datum)*

MORGENS:

Wie war deine Nacht? *Traumlos* *Albtraummäßig* *Traumhaft*

Das möchte ich dazu festhalten: …

Dinge aus meinem Plan von gestern, die ich noch machen möchte:

1.

2.

Neues Tagesziel für heute:

TAGSÜBER:

Gedanken, die kommen und gehen: …

ABENDS:

TAG 21

Wie war dein Tag?

- Diese drei Schlagworte sagen zu heute alles:

Heute ist *(Wochentag und Datum)*

MORGENS:

Wie war deine Nacht? *Traumlos* *Albtraummäßig* *Traumhaft*

Das möchte ich dazu festhalten: ...

Dinge aus meinem Plan von gestern, die ich noch machen möchte:

1.

2.

Neues Tagesziel für heute:

TAGSÜBER:

Gedanken, die kommen und gehen: ...

TAG **22**

ABENDS:

Wie war dein Tag?

Auf einer Skala von 1 (schlecht) bis 10 (sehr gut), wo würdest du dich sehen?

1 2 3 4 5 6 7 8 9 10

- Heute war ich positiv überrascht von: …
- Das hat mir ganz schön zugesetzt: …
- Dafür bin ich ausgesprochen dankbar: …

Heute ist *(Wochentag und Datum)*

ERINNERUNGSBOX:

Dein Kopf hat bereits eine Meisterleistung vollbracht. Er ist voller Gedanken und Erinnerungen und du wirst Vieles erledigt oder organisiert haben. Immer wieder flackern Bilder auf, am Tag oder in deinen Träumen, in denen du das Erlebte verarbeitest. Heute geben wir all deinen Erinnerungen Raum. Und zwar im wahrsten Sinne des Wortes: Bastle oder besorg dir eine Schachtel, einen Karton oder eine Holzbox. Beginne, Erinnerungsstücke, Fotos oder Gegenstände hineinzulegen, die eine besondere Verbindung für dich mit deinem Verlust darstellen. Ein Buch, Kinokarten, ein Armband oder Parfum, eine Postkarte oder ... Die Erinnerungsbox wird einen Schatz beherbergen, der nur dir gehört. Und du kannst entscheiden, wann und wie oft du hineinblickst und in den Erinnerungen schwelgen möchtest. Du entscheidest auch, wo du die Box aufheben möchtest. Nimm dir Zeit, sie schön zu gestalten. Lass deiner Kreativität freien Lauf. Ich wünsche dir viel Spaß dabei!

TAG 23

Heute ist *(Wochentag und Datum)*

MORGENS:

Wie war deine Nacht? *Traumlos* *Albtraummäßig* *Traumhaft*

Das möchte ich dazu festhalten: ...

Dinge aus meinem Plan von gestern, die ich noch machen möchte:

1.

2.

Neues Tagesziel für heute:

TAGSÜBER:

Gedanken, die kommen und gehen: ...

ABENDS:

TAG 24

Wie war dein Tag?

- Das möchte ich verändern: ...
- Ich merke, dass ich schon ganz gut darin bin, ...
- Darauf bin ich stolz:

Heute ist *(Wochentag und Datum)*

MORGENS:

Wie war deine Nacht? *Traumlos* *Albtraummäßig* *Traumhaft*

Das möchte ich dazu festhalten: ...

Dinge aus meinem Plan von gestern, die ich noch machen möchte:

1.

2.

Neues Tagesziel für heute:

TAGSÜBER:

Gedanken, die kommen und gehen: ...

ABENDS:

TAG 25

Wie war dein Tag?

- Das habe ich heute erlebt: ...
- Ein Gedanke, der mir immer wieder kommt: ....
- Ich habe mir etwas vorgenommen, nämlich: ...
- Wen oder was kann ich derzeit einfach nicht ertragen?
- Wer oder was hilft mir gerade sehr: ...

Heute ist *(Wochentag und Datum)*

MORGENS:

Wie war deine Nacht? *Traumlos* *Albtraummäßig* *Traumhaft*

Das möchte ich dazu festhalten: ...

Dinge aus meinem Plan von gestern, die ich noch machen möchte:

1.

2.

Neues Tagesziel für heute:

TAGSÜBER:

Gedanken, die kommen und gehen: ...

ABENDS:

TAG 26

Wie war dein Tag?

- Diese drei Schlagworte sagen zu heute alles:

Heute ist *(Wochentag und Datum)*

WALDBADEN – DIE KRAFT DER NATUR:

„Wenn man in einen Wald tritt, so ist es, als trete man in das Innere einer Seele.“ (PAUL CLAUDEL)

Die Wissenschaft hat bestätigt, dass der Wald Ruhe, Optimismus und positive Gefühle fördert! Also unternehmen wir heute unseren ersten Spaziergang in den Wald! 20–30 Minuten reichen aus, um einmal den nachgewiesenen Heilwirkungen auf die Spur zu kommen. Die Stresshormone, die ich dir anfangs erklärt habe, werden abgebaut und dein Blutdruck gesenkt, dein Immunsystem stärkt sich ganz automatisch.

Zieh dir bequeme Sachen an und lass dein Handy zu Hause. Sieh den Eingang in den Wald wie eine Grenze zwischen dem Alltag und dem Hier und Jetzt! Leg Sprichwörtlich die Dinge, die dich belasten und traurig machen, genau hier ab! Gönn dir Zeit nur für dich! Sei achtsam und gehe jeden Schritt bewusst. Geh langsam! Hörst du die Vögel oder ein Rascheln? Hörst du den Wind in den Baumkronen? Heute, bei diesem ersten Waldbesuch, gehst und lauschst du einfach nur. Versuch, tiefe Atemzüge zu nehmen. Dabei atmest du mit der Nase ein und mit leicht geöffnetem Mund lässt die verbrauchte Luft wieder aus deinem Körper herausströmen! Langsam und in deinem Rhythmus. Die frische Luft und die Natur werden dir guttun und dich ein wenig leichter machen.

Ich werde nochmal mit dir gemeinsam in den Wald gehen. Aber du kannst es natürlich auch jederzeit allein tun, wenn es dir gefallen hat …

TAG 27

Heute ist *(Wochentag und Datum)*

MORGENS:

Wie war deine Nacht? *Traumlos* *Albtraummäßig* *Traumhaft*

Das möchte ich dazu festhalten: ...

Dinge aus meinem Plan von gestern, die ich noch machen möchte:

1.

2.

Neues Tagesziel für heute:

TAGSÜBER:

Gedanken, die kommen und gehen: ...

ABENDS:

TAG 28

Wie war dein Tag?

Auf einer Skala von 1 (schlecht) bis 10 (sehr gut), wo würdest du dich sehen?

1 2 3 4 5 6 7 8 9 10

- Heute war ich positiv überrascht von: ...
- Das hat mir ganz schön zugesetzt: ...
- Dafür bin ich ausgesprochen dankbar: ...

Heute ist *(Wochentag und Datum)*

MORGENS:

Wie war deine Nacht? *Traumlos* *Albtraummäßig* *Traumhaft*

Das möchte ich dazu festhalten: ...

Dinge aus meinem Plan von gestern, die ich noch machen möchte:

1.

2.

Neues Tagesziel für heute:

TAGSÜBER:

Gedanken, die kommen und gehen: ...

ABENDS:

TAG 29

Wie war dein Tag?

- Diese drei Schlagworte sagen zu heute alles:

Heute ist *(Wochentag und Datum)* . . . .

FEST IN MEINEM HERZEN – DAS NEHME ICH MIT VON DIR AUF MEINEM WEG!

Heute werden wir wieder kreativ!

Hast du ein großes Blatt Papier? Dann mach dir doch schöne Musik an, lege ein paar Stifte bereit und schreibe alles auf, was dir ganz spontan zu folgenden Fragen auffällt. Nutze dabei das ganze Blatt und unterschiedliche Farben!

1. Das erste, wenn ich an . . . . denke ist ...
2. Das waren besondere Erlebnisse, die mich an . . . . erinnern und die ich immer in meinem Herzen tragen werde!
3. Das sind Eigenschaften und Besonderheiten, die nur . . . . hatte!
4. Das ist der Duft / der Geruch / das sind Kleidungsstücke oder Einrichtungsgegenstände, der oder die mich für immer an diesen Menschen / dieses Tier / diesen Ort erinnern werden (beschreibe so detailliert wie möglich) ...
5. Wofür ich gern einmal „danke" sagen möchte ...
6. Dieses Versprechen gebe ich dir und mir ...

Betrachte dein Wortgebilde einmal und ergänze noch etwas, falls dir noch Gedanken kommen. Wenn du möchtest, kannst du dir dein Bild aufhängen oder einrollen, du darfst natürlich auch Fotos hinzufügen oder morgen noch einmal darauf schauen und es weiter ergänzen. Jedenfalls könnte das gut ein weiteres Teil für die Erinnerungsbox sein ...

Eines ist noch wichtig: Vielleicht kamen dir ganz viele Fragen in den Sinn, als du eben die Worte aufgeschrieben hast!? Hier kannst du nun alle deine Fragen an . . . . auflisten, auf die du so gern eine Antwort gehabt hättest: ...

TAG 30

Heute ist *(Wochentag und Datum)*

MORGENS:

Wie war deine Nacht? *Traumlos* *Albtraummäßig* *Traumhaft*

Das möchte ich dazu festhalten: ...

Wenn ich beschreiben sollte, wer oder was für mich gerade besonders wichtig (geworden) ist, dann würde ich sagen ...

Neues Tagesziel für heute:

TAGSÜBER:

Gedanken, die kommen und gehen: ...

ABENDS:

TAG 31

Wie war dein Tag?

- Das habe ich heute erlebt: ...
- Ein Gedanke, der mir immer wieder kommt: ....
- Ich habe mir etwas vorgenommen, nämlich: ...
- Wen oder was kann ich derzeit einfach nicht ertragen?
- Wer oder was hilft mir gerade sehr?

Heute ist *(Wochentag und Datum)*

MORGENS:

Wie war deine Nacht? *Traumlos* *Albtraummäßig* *Traumhaft*

Das möchte ich dazu festhalten: ...

Dinge aus meinem Plan von gestern, die ich noch machen möchte:

1.

2.

Neues Tagesziel für heute:

TAGSÜBER:

Gedanken, die kommen und gehen: ...

ABENDS:

TAG 32

Wie war dein Tag?

- Diese drei Schlagworte sagen zu heute alles:

Heute ist *(Wochentag und Datum)*

MORGENS:

Wie war deine Nacht? *Traumlos* *Albtraummäßig* *Traumhaft*

Das möchte ich dazu festhalten: ...

Dinge aus meinem Plan von gestern, die ich noch machen möchte:

1.

2.

Neues Tagesziel für heute:

TAGSÜBER:

Gedanken, die kommen und gehen: ...

ABENDS:

TAG 33

Wie war dein Tag?

Auf einer Skala von 1 (schlecht) bis 10 (sehr gut), wo würdest du dich sehen?

1 2 3 4 5 6 7 8 9 10

- Heute war ich positiv überrascht von: ...
- Das hat mir ganz schön zugesetzt: ...
- Dafür bin ich ausgesprochen dankbar: ...

Heute ist *(Wochentag und Datum)*

MORGENS:

Wie war deine Nacht? *Traumlos* *Albtraummäßig* *Traumhaft*

Das möchte ich dazu festhalten: ...

Dinge aus meinem Plan von gestern, die ich noch machen möchte:

1.

2.

Neues Tagesziel für heute:

TAGSÜBER:

Gedanken, die kommen und gehen: ...

TAG 34

ABENDS:

Wie war dein Tag?

- Diese drei Schlagworte sagen zu heute alles:

Heute ist *(Wochentag und Datum)*

MORGENS:

Wie war deine Nacht? *Traumlos* *Albtraummäßig* *Traumhaft*

Das möchte ich dazu festhalten: ...

Dinge aus meinem Plan von gestern, die ich noch machen möchte:

1.

2.

Neues Tagesziel für heute:

TAGSÜBER:

Gedanken, die kommen und gehen: ...

ABENDS:

TAG 35

Wie war dein Tag?

- Das möchte ich verändern: ...
- Ich merke, dass ich schon ganz gut darin bin, ...
- Darauf bin ich stolz: ...

Heute ist *(Wochentag und Datum)*

BRIEF AN …

Heute schreibst du einfach so drauflos. Man nennt das „automatisches Schreiben“. Dabei ist die Rechtschreibung vollkommen egal, ebenso wie Grammatik, Form und ob es alles so einen Sinn für andere ergeben würde. Es soll ein Brief an den verstorbenen Menschen oder an dein Haustier, an eine Person an dem Ort, den du verlassen musstest, oder an den Menschen, von dem du getrennt wurdest, sein. Versuche dabei, nicht nachzudenken und setze auf gar keinen Fall den Stift ab. Schreibe immer weiter, bis wenigstens eine Seite auf einem DIN-A4-Blatt vollgeschrieben ist. Befreie dich von Gedanken, die dich quälen, oder von jenen, die immer wieder kommen, die du aber gern loswerden möchtest. Denn damit löst du dein Gedankenkarussel und gehst einen wichtigen Schritt nach vorn! Alles ist wichtig, jedes Detail und jeder Gedanke und Wunsch, der dir in den Sinn kommt. Einzelne Worte oder verschachtelte Sätze: alles kann, nichts muss.

TAG 36

Heute ist *(Wochentag und Datum)*

MORGENS:

Wie war deine Nacht? *Traumlos* *Albtraummäßig* *Traumhaft*

Das möchte ich dazu festhalten: ...

Dinge aus meinem Plan von gestern, die ich noch machen möchte:

1.

2.

Neues Tagesziel für heute:

TAGSÜBER:

Gedanken, die kommen und gehen: ...

ABENDS:

TAG 37

Wie war dein Tag?

- Das habe ich heute erlebt: ...
- Ein Gedanke, der mir immer wieder kommt: ...
- Ich habe mir etwas vorgenommen, nämlich: ...
- Wen oder was kann ich derzeit einfach nicht ertragen?
- Wer oder was hilft mir gerade sehr?

Heute ist *(Wochentag und Datum)*

MORGENS:

Wie war deine Nacht? *Traumlos* *Albtraummäßig* *Traumhaft*

Das möchte ich dazu festhalten: ...

Dinge aus meinem Plan von gestern, die ich noch machen möchte:

1.

2.

Neues Tagesziel für heute:

TAGSÜBER:

Gedanken, die kommen und gehen: ...

ABENDS:

TAG 38

Wie war dein Tag?

Auf einer Skala von 1 (schlecht) bis 10 (sehr gut), wo würdest du dich sehen?

1 2 3 4 5 6 7 8 9 10

- Heute war ich positiv überrascht von: ...
- Das hat mir ganz schön zugesetzt: ...
- Dafür bin ich ausgesprochen dankbar: ...

Heute ist *(Wochentag und Datum)*

MORGENS:

Wie war deine Nacht? *Traumlos* *Albtraummäßig* *Traumhaft*

Das möchte ich dazu festhalten: ...

Dinge aus meinem Plan von gestern, die ich noch machen möchte:

1.

2.

Neues Tagesziel für heute:

TAGSÜBER:

Gedanken, die kommen und gehen: ...

ABENDS:

TAG 39

Wie war dein Tag?

- Diese drei Schlagworte sagen zu heute alles:

Heute ist *(Wochentag und Datum)* . . . .

EIN MAGISCHER TAG IST HEUTE

Heute ist ein besonderer Tag. Die Zahl 40 hat eine hohe Symbolkraft. Nach Aschermittwoch beispielsweise beginnt die Fastenzeit bis Ostern. Sie dauert 40 Tage. Das aus dem Französischen (von quarante) abgeleitete Wort Quarantäne bedeutet vierzig. In der Bibel dauerte die Sintflut 40 Tage und 40 Nächte, und zwischen der Auferstehung von Jesus Christus und der Auffahrt in den Himmel lagen auch 40 Tage. Das Sechswochenamt in der katholischen Kirche wird ebenfalls nach 40 Tagen gefeiert. Aber nicht nur im Christentum, sondern auch im Islam steht die Zahl 40 für die Verwandlung nach einem Trauerfall. Traditionell wird hier ein neugeborenes Kind nach 40 Tagen den Verwandten und Freunden präsentiert.

Durch die Zahl 40 wird also ein Neubeginn zelebriert! Auch wenn es in diesem Buch nicht um Religion und Tradition geht und dir sicherlich auch nicht nach Feiern zumute ist, möchte ich dir gratulieren. Du hast ein wichtiges Teilstück auf deiner Fahrt erklommen!

Du kannst ja mal darüber nachdenken, worauf du so richtig stolz sein kannst. Dazu habe ich folgende Übung für dich:

Male deinen Weg von Tag 0 bis heute auf ein Blatt Papier. Überleg genau, bevor du startest. Gab es Kurven? Höhen und Tiefen? Vielleicht sieht dein Weg auch wie ein Herzschlag aus? Und nun markierst du auf diesem Weg Punkte, die für besondere Momente stehen sollen, an denen du etwas geschafft hast. Eines deiner Ziele vielleicht oder eine Erkenntnis, ein wichtiger Gedanke, der dir in den Sinn kam und der dich gefreut hat. Oder ein Ereignis, eine Begegnung, die dir Kraft gegeben hat.

Verwende unterschiedliche Farben oder Symbole. Du kannst auch kleine Dinge dazu malen, wenn du magst. Wenn du fertig bist, schaue einmal ganz in Ruhe und genau hin, was du schon alles gemeistert hast. Was alles passiert ist und wovon du eventuell mehr möchtest!

TAG 40

Solltest du auf deinem Weg nichts Erfreuliches finden können, wäre es eine Möglichkeit, dich einmal zu informieren, wer bei dir vor Ort ein(e) professionelle(r) AnsprechpartnerIn ist, die oder der dir helfen kann! Du findest im Anhang nützliche Adressen dazu!!!

Heute ist *(Wochentag und Datum)*

MORGENS:

Wie war deine Nacht? *Traumlos* *Albtraummäßig* *Traumhaft*

Das möchte ich dazu festhalten: ...

Dinge aus meinem Plan von gestern, die ich noch machen möchte:

1.

2.

Neues Tagesziel für heute:

TAGSÜBER:

Gedanken, die kommen und gehen: ...

ABENDS:

TAG 41

Wie war dein Tag?

- Das möchte ich verändern: …
- Ich merke, dass ich schon ganz gut darin bin, …
- Darauf bin ich stolz: …

Heute ist *(Wochentag und Datum)*

MORGENS:

Wie war deine Nacht? *Traumlos* *Albtraummäßig* *Traumhaft*

Das möchte ich dazu festhalten: ...

Dinge aus meinem Plan von gestern, die ich noch machen möchte:

1.

2.

Neues Tagesziel für heute:

TAGSÜBER:

Gedanken, die kommen und gehen: ...

ABENDS:

TAG 42

Wie war dein Tag?

- Das habe ich heute erlebt: ...
- Ein Gedanke, der mir immer wieder kommt: ...
- Ich habe mir etwas vorgenommen, nämlich: ...
- Wen oder was kann ich derzeit einfach nicht ertragen?
- Wer oder was hilft mir gerade sehr?

Heute ist *(Wochentag und Datum)*

MORGENS:

Wie war deine Nacht? *Traumlos* *Albtraummäßig* *Traumhaft*

Das möchte ich dazu festhalten: ...

Dinge aus meinem Plan von gestern, die ich noch machen möchte:

1.

2.

Neues Tagesziel für heute:

TAGSÜBER:

Gedanken, die kommen und gehen: ...

ABENDS:

TAG 43

Wie war dein Tag?

Auf einer Skala von 1 (schlecht) bis 10 (sehr gut), wo würdest du dich sehen?

1 2 3 4 5 6 7 8 9 10

- Heute war ich positiv überrascht von: ...
- Das hat mir ganz schön zugesetzt: ...
- Dafür bin ich ausgesprochen dankbar: ...

Heute ist *(Wochentag und Datum)*

MORGENS:

Wie war deine Nacht? *Traumlos* *Albtraummäßig* *Traumhaft*

Das möchte ich dazu festhalten: ...

Dinge aus meinem Plan von gestern, die ich noch machen möchte:

1.

2.

Neues Tagesziel für heute:

TAGSÜBER:

Gedanken, die kommen und gehen: ...

ABENDS:

TAG 44

Wie war dein Tag?

- Diese drei Schlagworte sagen zu heute alles:

Heute ist *(Wochentag und Datum)*

MORGENS:

Wie war deine Nacht? *Traumlos* *Albtraummäßig* *Traumhaft*

Das möchte ich dazu festhalten: ...

Dinge aus meinem Plan von gestern, die ich noch machen möchte:

1.

2.

Neues Tagesziel für heute:

TAGSÜBER:

Gedanken, die kommen und gehen: ...

ABENDS:

TAG 45

Wie war dein Tag?

- Diese drei Schlagworte sagen zu heute alles:

Heute ist *(Wochentag und Datum)*

MORGENS:

Wie war deine Nacht? *Traumlos* *Albtraummäßig* *Traumhaft*

Das möchte ich dazu festhalten: ...

Dinge aus meinem Plan von gestern, die ich noch machen möchte:

1.

2.

Neues Tagesziel für heute:

TAGSÜBER:

Gedanken, die kommen und gehen: ...

ABENDS:

TAG 46

Wie war dein Tag?

- Das möchte ich verändern: ...
- Ich merke, dass ich schon ganz gut darin bin, ...
- Darauf bin ich stolz:

Heute ist *(Wochentag und Datum)*

MANDALA AUSMALEN

Nimm dir heute Zeit, um ein Mandala auszumalen. Suche dir im Internet eine schöne Vorlage (siehe bspw. www.mandala-bilder.de). Das Besondere daran ist, dass wir uns auf die regelmäßige und runde Form konzentrieren und dabei Entspannung finden können. Probiere es doch einfach aus und nimm dir ein paar Buntstifte zur Hand.

www.mandala-bilder.de

TAG 4/7

Heute ist *(Wochentag und Datum)*

MORGENS:

Wie war deine Nacht? *Traumlos* *Albtraummäßig* *Traumhaft*

Das möchte ich dazu festhalten: ...

Das ist ein besonderes Lied, welches ich mit verbinde:

Neues Tagesziel für heute:

TAGSÜBER:

Gedanken, die kommen und gehen: ...

ABENDS:

TAG 48

Wie war dein Tag?

- Das habe ich heute erlebt: …
- Ein Gedanke, der mir immer wieder kommt: …
- Ich habe mir etwas vorgenommen, nämlich: …
- Wen oder was kann ich derzeit einfach nicht ertragen?
- Wer oder was hilft mir gerade sehr?

Heute ist *(Wochentag und Datum)*

MORGENS:

Wie war deine Nacht? *Traumlos* *Albtraummäßig* *Traumhaft*

Das möchte ich dazu festhalten: ...

Dinge aus meinem Plan von gestern, die ich noch machen möchte:

1.

2.

Neues Tagesziel für heute:

TAGSÜBER:

Gedanken, die kommen und gehen: ...

ABENDS:

TAG 49

Wie war dein Tag?

- Diese drei Schlagworte sagen zu heute alles:

Heute ist *(Wochentag und Datum)*

MORGENS:

Wie war deine Nacht? *Traumlos* *Albtraummäßig* *Traumhaft*

Das möchte ich dazu festhalten: ...

Dinge aus meinem Plan von gestern, die ich noch machen möchte:

1.

2.

Neues Tagesziel für heute:

TAGSÜBER:

Gedanken, die kommen und gehen: ...

ABENDS:

TAG 50

Wie war dein Tag?

Auf einer Skala von 1 (schlecht) bis
10 (sehr gut), wo würdest du dich sehen?

1 2 3 4 5 6 7 8 9 10

- Heute war ich positiv überrascht von: ...
- Das hat mir ganz schön zugesetzt: ...
- Dafür bin ich ausgesprochen dankbar: ...

Heute ist *(Wochentag und Datum)*

MORGENS:

Wie war deine Nacht? *Traumlos* *Albtraummäßig* *Traumhaft*

Das möchte ich dazu festhalten: ...

Dinge aus meinem Plan von gestern, die ich noch machen möchte:

1.

2.

Neues Tagesziel für heute:

TAGSÜBER:

Gedanken, die kommen und gehen: ...

ABENDS:

TAG 51

Wie war dein Tag?

- Das möchte ich verändern: ...
- Ich merke, dass ich schon ganz gut darin bin, ...
- Darauf bin ich stolz: ...

Heute ist *(Wochentag und Datum)*

WIR FEIERN DAS LEBEN – ES DARF AUCH (WIEDER) GELACHT WERDEN

Erinnerst du dich an die Hormone, von denen ich ganz am Anfang des Buches sprach? Auch wenn wir todtraurig sind, gibt es eine Möglichkeit, wie wir unser Gehirn kurzerhand austricksen können. Stell dich doch einfach mal vor den Spiegel. Betrachte dein Gesicht und blicke liebevoll auf dich selbst! Heute erlaubst du dir, laut lachen zu dürfen. Denn Lachen setzt Glückshormone im Gehirn frei. Und auch wenn du eigentlich traurig bist, kannst du dein Gehirn glücklich machen und damit auch ein wenig dich selbst. Versuche also deine Mundwinkel nach oben zu bewegen. Kennst du dieses künstliche Zahnpasta-Lächeln aus der Werbung? Na dann los! Genauso kannst du starten. Cheese!!!! Zeig deine Zähne und strahle dich an. Wenn du mutig bist, fang an, laut zu Lachen. Ha, ha, ha, ha. Immer wieder. Das machst du ungefähr 5 Minuten lang. Es ist komisch, ich weiß, und ich verlange heute viel von dir, ja. Aber probiere es doch mehrmals am Tag aus. Zwischendurch, nach dem Toilettengang zum Beispiel, wenn du am Waschbecken stehst und die Hände gewaschen hast. Wirf den Kopf in den Nacken und schließe die Augen. Denk an einen Moment, in dem du so richtig losprusten musstest. Ich verspreche dir, du wirst dich danach einfach großartig fühlen. Wenigstens für einen Augenblick, und wenn es dir guttut, wiederhole es einfach, so oft es geht! Viel Erfolg und viel Spaß wünsche ich dir dabei!

TAG 52

Heute ist *(Wochentag und Datum)*

MORGENS:

Wie war deine Nacht? *Traumlos* *Albtraummäßig* *Traumhaft*

Das möchte ich dazu festhalten: ...

Worüber ich immer wieder gern lachen möchte ist:

1.

2.

Neues Tagesziel für heute:

TAGSÜBER:

Gedanken, die kommen und gehen: ...

TAG 53

ABENDS:

Wie war dein Tag?

- Das habe ich heute erlebt: ...
- Ein Gedanke, der mir immer wieder kommt: ...
- Ich habe mir etwas vorgenommen, nämlich: ...
- Wen oder was kann ich derzeit einfach nicht ertragen?
- Wer oder was hilft mir gerade sehr?

Heute ist *(Wochentag und Datum)*

MORGENS:

Wie war deine Nacht? *Traumlos* *Albtraummäßig* *Traumhaft*

Das möchte ich dazu festhalten: ...

Dinge aus meinem Plan von gestern, die ich noch machen möchte:

1.

2.

Neues Tagesziel für heute:

TAGSÜBER:

Gedanken, die kommen und gehen: ...

ABENDS:

TAG 54

Wie war dein Tag?

- Diese drei Schlagworte sagen zu heute alles:

Heute ist *(Wochentag und Datum)*

MEINE ANKER

Es gibt besondere Menschen, Tiere und Orte, die uns etwas bedeuten und uns helfen, auch in schwierigen Lebenslagen nach vorn zu blicken. Dies sind wichtige Anker, Zufluchtsorte, bei denen wir Geborgenheit spüren können und Wärme, wo wir nichts sagen müssen und erst recht nichts zu erklären brauchen. Bist du dir deiner Anker bewusst? Es können auch Situationen sein, in denen du etwas Wichtiges gelernt und für dich mitgenommen hast.

An dieser Stelle kannst du deinen persönlichen Anker zeichnen oder ein Bild eines Ankers aufkleben. Diesen füllst du anschließend mit Worten, die dir Halt geben.

TAG 55

Heute ist *(Wochentag und Datum)*

MORGENS:

Wie war deine Nacht? *Traumlos* *Albtraummäßig* *Traumhaft*

Das möchte ich dazu festhalten: ...

Was können mir die Menschen und/oder Dinge aus meinem Anker geben und was darf ich mir von ihnen immer wieder holen, wenn ich es brauche:

1.

2.

Neues Tagesziel für heute:

TAGSÜBER:

Gedanken, die kommen und gehen: ...

ABENDS:

Wie war dein Tag?

Auf einer Skala von 1 (schlecht) bis 10 (sehr gut), wo würdest du dich sehen?

1 2 3 4 5 6 7 8 9 10

- Heute war ich positiv überrascht von: ...
- Das hat mir ganz schön zugesetzt: ...
- Dafür bin ich ausgesprochen dankbar: ...

Heute ist *(Wochentag und Datum)*

MORGENS:

Wie war deine Nacht? *Traumlos* *Albtraummäßig* *Traumhaft*

Das möchte ich dazu festhalten: ...

Dinge aus meinem Plan von gestern, die ich noch machen möchte:

1.

2.

Neues Tagesziel für heute:

TAGSÜBER:

Gedanken, die kommen und gehen: ...

ABENDS:

Wie war dein Tag?

- Das möchte ich verändern: …
- Ich merke, dass ich schon ganz gut darin bin, …
- Darauf bin ich stolz: …

Heute ist *(Wochentag und Datum)*

MORGENS:

Wie war deine Nacht? *Traumlos* *Albtraummäßig* *Traumhaft*

Das möchte ich dazu festhalten: ...

Dinge aus meinem Plan von gestern, die ich noch machen möchte:

1.

2.

Neues Tagesziel für heute:

TAGSÜBER:

Gedanken, die kommen und gehen: ...

TAG 58

ABENDS:

Wie war dein Tag?

- Das habe ich heute erlebt: ...
- Ein Gedanke, der mir immer wieder kommt: ...
- Ich habe mir etwas vorgenommen, nämlich: ...
- Wen oder was kann ich derzeit einfach nicht ertragen?
- Wer oder was hilft mir gerade sehr?

Heute ist *(Wochentag und Datum)*

MORGENS:

Wie war deine Nacht? *Traumlos* *Albtraummäßig* *Traumhaft*

Das möchte ich dazu festhalten: ...

Dinge aus meinem Plan von gestern, die ich noch machen möchte:

1.

2.

Neues Tagesziel für heute:

TAGSÜBER:

Gedanken, die kommen und gehen: ...

ABENDS:

Wie war dein Tag?

- Diese drei Schlagworte sagen zu heute alles:

Heute ist *(Wochentag und Datum)*

MORGENS:

Wie war deine Nacht? *Traumlos* *Albtraummäßig* *Traumhaft*

Das möchte ich dazu festhalten: ...

Dinge aus meinem Plan von gestern, die ich noch machen möchte:

1.

2.

Neues Tagesziel für heute:

TAGSÜBER:

Gedanken, die kommen und gehen: ...

ABENDS:

TAG 60

Wie war dein Tag?

- Das muss ich dir unbedingt erzählen: ...
- Ich fühle mich: ...
- Darüber habe ich mich heute gefreut: ...
- Das hat mich zum Nachdenken gebracht: ...
- Ich brauche: ...

Heute ist *(Wochentag und Datum)*

MORGENS:

Wie war deine Nacht? *Traumlos* *Albtraummäßig* *Traumhaft*

Das möchte ich dazu festhalten: …

Dinge aus meinem Plan von gestern, die ich noch machen möchte:

1.

2.

Neues Tagesziel für heute:

TAGSÜBER:

Gedanken, die kommen und gehen: …

ABENDS:

TAG 61

Wie war dein Tag?

Auf einer Skala von 1 (schlecht) bis 10 (sehr gut), wo würdest du dich sehen?

1 2 3 4 5 6 7 8 9 10

- Heute war ich positiv überrascht von: ...
- Das hat mir ganz schön zugesetzt: ...
- Dafür bin ich ausgesprochen dankbar: ...

Heute ist *(Wochentag und Datum)*

MORGENS:

Wie war deine Nacht? *Traumlos* *Albtraummäßig* *Traumhaft*

Das möchte ich dazu festhalten: ...

Dinge aus meinem Plan von gestern, die ich noch machen möchte:

1.

2.

Neues Tagesziel für heute:

TAGSÜBER:

Gedanken, die kommen und gehen: ...

ABENDS:

TAG 62

Wie war dein Tag?

- Das möchte ich verändern: ...
- Ich merke, dass ich schon ganz gut darin bin, ...
- Darauf bin ich stolz: ...

Heute ist *(Wochentag und Datum)*

MORGENS:

Wie war deine Nacht? *Traumlos* *Albtraummäßig* *Traumhaft*

Das möchte ich dazu festhalten: ...

Dinge aus meinem Plan von gestern, die ich noch machen möchte:

1.

2.

Neues Tagesziel für heute:

TAGSÜBER:

Gedanken, die kommen und gehen: ...

ABENDS:

TAG 63

Wie war dein Tag?

- Das habe ich heute erlebt: ...
- Ein Gedanke, der mir immer wieder kommt: ...
- Ich habe mir etwas vorgenommen, nämlich: ...
- Wen oder was kann ich derzeit einfach nicht ertragen?
- Wer oder was hilft mir gerade sehr?

Heute ist *(Wochentag und Datum)*

MORGENS:

Wie war deine Nacht? *Traumlos* *Albtraummäßig* *Traumhaft*

Das möchte ich dazu festhalten: ...

Dinge aus meinem Plan von gestern, die ich noch machen möchte:

1.

2.

Neues Tagesziel für heute:

TAGSÜBER:

Gedanken, die kommen und gehen: ...

ABENDS:

TAG 64

Wie war dein Tag?

- Das muss ich dir unbedingt erzählen: ...
- Ich fühle mich: ...
- Darüber habe ich mich heute gefreut: ...
- Das hat mich zum Nachdenken gebracht: ...
- Ich brauche: ...

Heute ist *(Wochentag und Datum)*

MORGENS:

Wie war deine Nacht? *Traumlos* *Albtraummäßig* *Traumhaft*

Das möchte ich dazu festhalten: ...

Dinge aus meinem Plan von gestern, die ich noch machen möchte:

1.

2.

Neues Tagesziel für heute:

TAGSÜBER:

Gedanken, die kommen und gehen: ...

ABENDS:

TAG 65

Wie war dein Tag?

- Diese drei Schlagworte sagen zu heute alles:

Heute ist *(Wochentag und Datum)*

WUT & WÜNSCHE

Kommt sie dich manchmal besuchen, die Wut!? Das ist okay, nein, es ist sogar gut und wichtig! Denn sie ist ein weiterer, wichtiger Meilenstein auf deiner Fahrt!

Ja, du kannst sie herausschreien oder kräftig auf die Bettdecke trommeln oder gegen die Wand treten und auf einen Boxsack einhauen. Das alles tut gut und ist erlaubt. Ich möchte dir heute noch eine andere Alternative zeigen. Es gibt sogenanntes „Flying Wish Paper", das du im Bastelladen kaufen oder online bestellen kannst. Auf dieses Papier kannst du nun alles schreiben und loswerden, was dich so wütend macht, oder das, was du jetzt am liebsten jemandem an den Kopf werfen würdest. Danach gehst du am besten nach draußen. An einem windstillen Plätzchen kannst du nun das „Wish Paper" anzünden und es wird wegfliegen. Deine Wut löst sich sprichwörtlich dabei in Luft auf! Das tut gut. Das befreit auf andere Art und Weise und es ist ein schönes Ritual. Du kannst ganz feierlich das Papier entzünden und dich bewusst von all den Gedanken verabschieden, die du darauf geschrieben hast.

Aber das „Wish Paper" heißt natürlich andersherum auch nicht ohne Grund so. Du kannst ebenso Wünsche darauf schreiben und sie gen Himmel steigen lassen. Wünsche für deine Zukunft, Wünsche für diejenige oder denjenigen, den du verloren hast, oder als ein Dankeschön für alles, was gewesen ist und was sein wird.

TAG 6

Heute ist *(Wochentag und Datum)*

MORGENS:

Wie war deine Nacht? *Traumlos* *Albtraummäßig* *Traumhaft*

Das möchte ich dazu festhalten: ...

Ich bin froh, dass ich gestern das hier losgeworden bin:

Ich halte gern das hier dafür umso mehr fest in meinem Herzen:

Neues Tagesziel für heute:

TAGSÜBER:

Gedanken, die kommen und gehen: ...

TAG 67

ABENDS:

Wie war dein Tag?

Auf einer Skala von 1 (schlecht) bis 10 (sehr gut), wo würdest du dich sehen?

1 2 3 4 5 6 7 8 9 10

- Heute war ich positiv überrascht von: ...
- Das hat mir ganz schön zugesetzt: ...
- Dafür bin ich ausgesprochen dankbar: ...

Heute ist *(Wochentag und Datum)*

MORGENS:

Wie war deine Nacht? *Traumlos* *Albtraummäßig* *Traumhaft*

Das möchte ich dazu festhalten: ...

Dinge aus meinem Plan von gestern, die ich noch machen möchte:

1.

2.

Neues Tagesziel für heute:

TAGSÜBER:

Gedanken, die kommen und gehen: ...

ABENDS:

TAG 68

Wie war dein Tag?

- Das möchte ich verändern: ...
- Ich merke, dass ich schon ganz gut darin bin, ...
- Darauf bin ich stolz: ...

Heute ist *(Wochentag und Datum)*

MORGENS:

Wie war deine Nacht? *Traumlos* *Albtraummäßig* *Traumhaft*

Das möchte ich dazu festhalten: ...

Dinge aus meinem Plan von gestern, die ich noch machen möchte:

1.

2.

Neues Tagesziel für heute:

TAGSÜBER:

Gedanken, die kommen und gehen: ...

ABENDS:

TAG 69

Wie war dein Tag?

- Das habe ich heute erlebt: ...
- Ein Gedanke, der mir immer wieder kommt: ...
- Ich habe mir etwas vorgenommen, nämlich: ...
- Wen oder was kann ich derzeit einfach nicht ertragen?
- Wer oder was hilft mir gerade sehr?

Heute ist *(Wochentag und Datum)*

MORGENS:

Wie war deine Nacht? *Traumlos* *Albtraummäßig* *Traumhaft*

Das möchte ich dazu festhalten: ...

Dinge aus meinem Plan von gestern, die ich noch machen möchte:

1.

2.

Neues Tagesziel für heute:

TAGSÜBER:

Gedanken, die kommen und gehen: ...

TAG 70

ABENDS:

Wie war dein Tag?

- Diese drei Schlagworte sagen zu heute alles:

Heute ist *(Wochentag und Datum)*

TANZEN MACHT GLÜCKLICH

Hast du einen Kopfhörer oder die Möglichkeit, deine Lieblingsmusik so richtig aufzudrehen?

Ob Klassik oder Pop, ob Rock oder Heavy Metal: Heute erstellst du deine Playlist der Lieder, die dich glücklich und frei machen. Speichere sie dir ab oder schreibe sie dir auf. Und dann geht's los: Die nächsten 15-20 Minuten gehören dir! Lass deinen Körper sprechen. Lass ihn zappeln oder filigrane Bewegungen ausführen, lass dich tragen vom Rhythmus und sei du selbst. Es ist schwer, dich gehen zu lassen? Keiner sieht dich! Fang einfach an. Wippe zunächst im Takt und summe ein wenig mit, bis es immer mehr wird und du schließlich tanzt, als gäbe es kein Morgen!

Dein Körper vollbringt in diesen Tagen und Wochen Höchstleistungen! Jede Faser deiner Muskeln ist gespannt und wird sich freuen, ein wenig durchgeschüttelt zu werden!

TAG 71

Heute ist *(Wochentag und Datum)*

MORGENS:

Wie war deine Nacht? *Traumlos* *Albtraummäßig* *Traumhaft*

Das möchte ich dazu festhalten: ...

Diese Übungen aus den vergangenen Tagen haben mir am meisten Freude bereitet:

1.

2.

3.

Neues Tagesziel für heute:

TAGSÜBER:

Gedanken, die kommen und gehen: ...

TAG 72

ABENDS:

Wie war dein Tag?

Auf einer Skala von 1 (schlecht) bis 10 (sehr gut), wo würdest du dich sehen?

1 2 3 4 5 6 7 8 9 10

- Heute war ich positiv überrascht von: ...
- Das hat mir ganz schön zugesetzt: ...
- Dafür bin ich ausgesprochen dankbar: ...

Heute ist *(Wochentag und Datum)*

MORGENS:

Wie war deine Nacht? *Traumlos* *Albtraummäßig* *Traumhaft*

Das möchte ich dazu festhalten: ...

Dinge aus meinem Plan von gestern, die ich noch machen möchte:

1.

2.

Neues Tagesziel für heute:

TAGSÜBER:

Gedanken, die kommen und gehen: ...

ABENDS:

TAG 73

Wie war dein Tag?

- Das muss ich dir unbedingt erzählen: ...
- Ich fühle mich: ...
- Darüber habe ich mich heute gefreut: ...
- Das hat mich zum Nachdenken gebracht: ...
- Ich brauche: ...

Heute ist *(Wochentag und Datum)*

MORGENS:

Wie war deine Nacht? *Traumlos* *Albtraummäßig* *Traumhaft*

Das möchte ich dazu festhalten: ...

Dinge aus meinem Plan von gestern, die ich noch machen möchte:

1.

2.

Neues Tagesziel für heute:

TAGSÜBER:

Gedanken, die kommen und gehen: ...

ABENDS:

TAG 74

Wie war dein Tag?

- Das habe ich heute erlebt: ...
- Ein Gedanke, der mir immer wieder kommt: ...
- Ich habe mir etwas vorgenommen, nämlich: ...
- Wen oder was kann ich derzeit einfach nicht ertragen?
- Wer oder was hilft mir gerade sehr?

Heute ist *(Wochentag und Datum)*

MORGENS:

Wie war deine Nacht? *Traumlos* *Albtraummäßig* *Traumhaft*

Das möchte ich dazu festhalten: ...

Dinge aus meinem Plan von gestern, die ich noch machen möchte:

1.

2.

Neues Tagesziel für heute:

TAGSÜBER:

Gedanken, die kommen und gehen: ...

ABENDS:

TAG 75

Wie war dein Tag?

- Diese drei Schlagworte sagen zu heute alles:

Heute ist *(Wochentag und Datum)*

MORGENS:

Wie war deine Nacht? *Traumlos* *Albtraummäßig* *Traumhaft*

Das möchte ich dazu festhalten: ...

Dinge aus meinem Plan von gestern, die ich noch machen möchte:

1.

2.

Neues Tagesziel für heute:

TAGSÜBER:

Gedanken, die kommen und gehen: ...

ABENDS:

TAG 76

Wie war dein Tag?

- Das möchte ich verändern: ...
- Ich merke, dass ich schon ganz gut darin bin, ...
- Darauf bin ich stolz:

Heute ist *(Wochentag und Datum)*

MORGENS:

Wie war deine Nacht? *Traumlos* *Albtraummäßig* *Traumhaft*

Das möchte ich dazu festhalten: …

Dinge aus meinem Plan von gestern, die ich noch machen möchte:

1.

2.

Neues Tagesziel für heute:

TAGSÜBER:

Gedanken, die kommen und gehen: …

ABENDS:

Wie war dein Tag?

Auf einer Skala von 1 (schlecht) bis 10 (sehr gut), wo würdest du dich sehen?

1 2 3 4 5 6 7 8 9 10

- Heute war ich positiv überrascht von: ...
- Das hat mir ganz schön zugesetzt: ...
- Dafür bin ich ausgesprochen dankbar: ...

Heute ist *(Wochentag und Datum)*

MORGENS:

Wie war deine Nacht? *Traumlos* *Albtraummäßig* *Traumhaft*

Das möchte ich dazu festhalten: ...

Dinge aus meinem Plan von gestern, die ich noch machen möchte:

1.

2.

Neues Tagesziel für heute:

TAGSÜBER:

Gedanken, die kommen und gehen: ...

ABENDS:

TAG 78

Wie war dein Tag?

- Das muss ich dir unbedingt erzählen: ...
- Ich fühle mich: ...
- Darüber habe ich mich heute gefreut: ...
- Das hat mich zum Nachdenken gebracht: ...
- Ich brauche: ...

Heute ist *(Wochentag und Datum)*

MORGENS:

Wie war deine Nacht? *Traumlos* *Albtraummäßig* *Traumhaft*

Das möchte ich dazu festhalten: ...

Dinge aus meinem Plan von gestern, die ich noch machen möchte:

1.

2.

Neues Tagesziel für heute:

TAGSÜBER:

Gedanken, die kommen und gehen: ...

ABENDS:

TAG 79

Wie war dein Tag?

- Das habe ich heute erlebt: ...
- Ein Gedanke, der mir immer wieder kommt: ...
- Ich habe mir etwas vorgenommen, nämlich: ...
- Wen oder was kann ich derzeit einfach nicht ertragen?
- Wer oder was hilft mir gerade sehr?

Heute ist *(Wochentag und Datum)*

MORGENS:

Wie war deine Nacht? *Traumlos* *Albtraummäßig* *Traumhaft*

Das möchte ich dazu festhalten: ...

Dinge aus meinem Plan von gestern, die ich noch machen möchte:

1.

2.

Neues Tagesziel für heute:

TAGSÜBER:

Gedanken, die kommen und gehen: ...

ABENDS:

Wie war dein Tag?

- Diese drei Schlagworte sagen zu heute alles:

Heute ist *(Wochentag und Datum)*

MORGENS:

Wie war deine Nacht? *Traumlos* *Albtraummäßig* *Traumhaft*

Das möchte ich dazu festhalten: ...

Dinge aus meinem Plan von gestern, die ich noch machen möchte:

1.

2.

Neues Tagesziel für heute:

TAGSÜBER:

Gedanken, die kommen und gehen: ...

ABENDS:

TAG 81

Wie war dein Tag?

- Das möchte ich verändern: ...
- Ich merke, dass ich schon ganz gut darin bin, ...
- Darauf bin ich stolz:

Heute ist *(Wochentag und Datum)*

MORGENS:

Wie war deine Nacht? *Traumlos* *Albtraummäßig* *Traumhaft*

Das möchte ich dazu festhalten: ...

Dinge aus meinem Plan von gestern, die ich noch machen möchte:

1.

2.

Neues Tagesziel für heute:

TAGSÜBER:

Gedanken, die kommen und gehen: ...

ABENDS:

TAG 82

Wie war dein Tag?

Auf einer Skala von 1 (schlecht) bis 10 (sehr gut), wo würdest du dich sehen?

1 2 3 4 5 6 7 8 9 10

- Heute war ich positiv überrascht von: ...
- Das hat mir ganz schön zugesetzt: ...
- Dafür bin ich ausgesprochen dankbar: ...

Heute ist *(Wochentag und Datum)*

MORGENS:

Wie war deine Nacht? *Traumlos* *Albtraummäßig* *Traumhaft*

Das möchte ich dazu festhalten: ...

Dinge aus meinem Plan von gestern, die ich noch machen möchte:

1.

2.

Neues Tagesziel für heute:

TAGSÜBER:

Gedanken, die kommen und gehen: ...

TAG 83

ABENDS:

Wie war dein Tag?

- Das muss ich dir unbedingt erzählen: ...
- Ich fühle mich: ...
- Darüber habe ich mich heute gefreut: ...
- Das hat mich zum Nachdenken gebracht: ...
- Ich brauche: ...

Heute ist *(Wochentag und Datum)*

MORGENS:

Wie war deine Nacht? *Traumlos* *Albtraummäßig* *Traumhaft*

Das möchte ich dazu festhalten: ...

Dinge aus meinem Plan von gestern, die ich noch machen möchte:

1.

2.

Neues Tagesziel für heute:

TAGSÜBER:

Gedanken, die kommen und gehen: ...

TAG 84

ABENDS:

Wie war dein Tag?

- Diese drei Schlagworte sagen zu heute alles:

Heute ist *(Wochentag und Datum)*

SCHULD

Die Schuldfrage ist ein zentrales Thema, welches sich immer wieder gern als Teufelchen in unserem Innern zu Wort meldet: Hätte ich etwas tun können? Hätte ich es verhindern können? War ich da? Warum bin ich nicht öfter zu Besuch gewesen? Wieso musste ausgerechnet ihm/ihr das passieren: Ich wäre doch dran gewesen ... Aber auch in die andere Richtung, die in Vorwürfen anderen gegenüber münden, wie z.B. Warum hat er/sie nicht geholfen? War die Behandlung nicht die falsche im Krankenhaus? Wegen dir habe ich alles stehen und liegen gelassen..., sind mögliche Gedanken: Und alle Gedanken haben ihre Berechtigung. Alle beruhen auf Gefühlen, auf inneren Wunden und möchten die Wut, Enttäuschung und Traurigkeit bekämpfen. Du gibst also dir oder anderen die Schuld. Und das darf und muss sogar sein. Ich kann an dieser Stelle nicht einfach eine Übung vorstellen, die dich von der Schuld befreit, aber ich möchte dir gern sagen, dass die Schuldfrage zum Trauern dazugehört. Manchmal ist sie sogar richtungweisend, weil sich etwas löst, wenn du bemerkst, dass du gar nichts dafür kannst, oder als Chance, es künftig in deinem Leben zu reflektieren, und dein Handeln verändert wird.

Darum heute der Vorschlag zu einer kleinen Liste, die du als Mindmap erstellen kannst. Das Visualisieren und die Beantwortung möglicher Fragen sind ein wichtiger Anstoß und können dir zeigen, ob sie nicht auch manchmal ganz schön nützlich sind. In dem Moment, wo dich die Schuldfrage nicht mehr loslässt, lass dich bitte von einer/einem professionellen BeraterIn begleiten!

TAG 85

Heute ist *(Wochentag und Datum)*

MORGENS:

Wie war deine Nacht? *Traumlos* *Albtraummäßig* *Traumhaft*

Das möchte ich dazu festhalten: ...

Wenn ich einen kurzen Blick zurück auf die vergangenen vierzehn Tage werfe, dann hat sich folgendes verändert:

1.

2.

Neues Tagesziel für heute:

TAGSÜBER:

Gedanken, die kommen und gehen: ...

ABENDS:

TAG 86

Wie war dein Tag?

- Das habe ich heute erlebt: ...
- Ein Gedanke, der mir immer wieder kommt: ...
- Ich habe mir etwas vorgenommen, nämlich: ...
- Wen oder was kann ich derzeit einfach nicht ertragen?
- Wer oder was hilft mir gerade sehr?

Heute ist *(Wochentag und Datum)*

MORGENS:

Wie war deine Nacht? *Traumlos* *Albtraummäßig* *Traumhaft*

Das möchte ich dazu festhalten: ...

Dinge aus meinem Plan von gestern, die ich noch machen möchte:

1.

2.

Neues Tagesziel für heute:

TAGSÜBER:

Gedanken, die kommen und gehen: ...

TAG 87

ABENDS:

Wie war dein Tag?

- Diese drei Schlagworte sagen zu heute alles:

Heute ist *(Wochentag und Datum)*

MORGENS:

Wie war deine Nacht? *Traumlos* *Albtraummäßig* *Traumhaft*

Das möchte ich dazu festhalten: ...

Dinge aus meinem Plan von gestern, die ich noch machen möchte:

1.

2.

Neues Tagesziel für heute:

TAGSÜBER:

Gedanken, die kommen und gehen: ...

ABENDS:

TAG 8

Wie war dein Tag?

Auf einer Skala von 1 (schlecht) bis 10 (sehr gut), wo würdest du dich sehen?

1 2 3 4 5 6 7 8 9 10

- Heute war ich positiv überrascht von: ...
- Das hat mir ganz schön zugesetzt: ...
- Dafür bin ich ausgesprochen dankbar: ...

Heute ist *(Wochentag und Datum)*

MORGENS:

Wie war deine Nacht? *Traumlos* *Albtraummäßig* *Traumhaft*

Das möchte ich dazu festhalten: ...

Dinge aus meinem Plan von gestern, die ich noch machen möchte:

1.

2.

Neues Tagesziel für heute:

TAGSÜBER:

Gedanken, die kommen und gehen: ...

ABENDS:

TAG 89

Wie war dein Tag?

- Das möchte ich verändern: ...
- Ich merke, dass ich schon ganz gut darin bin, ...
- Darauf bin ich stolz: ...

Heute ist *(Wochentag und Datum)*

MORGENS:

Wie war deine Nacht? *Traumlos* *Albtraummäßig* *Traumhaft*

Das möchte ich dazu festhalten: ...

Dinge aus meinem Plan von gestern, die ich noch machen möchte:

1.

2.

Neues Tagesziel für heute:

TAGSÜBER:

Gedanken, die kommen und gehen: ...

ABENDS:

TAG 90

Wie war dein Tag?

- Das muss ich dir unbedingt erzählen: ...
- Ich fühle mich: ...
- Darüber habe ich mich heute gefreut: ...
- Das hat mich zum Nachdenken gebracht: ...
- Ich brauche: ...

Heute ist *(Wochentag und Datum)*

MORGENS:

Wie war deine Nacht? *Traumlos* *Albtraummäßig* *Traumhaft*

Das möchte ich dazu festhalten: ...

Dinge aus meinem Plan von gestern, die ich noch machen möchte:

1.

2.

Neues Tagesziel für heute:

TAGSÜBER:

Gedanken, die kommen und gehen: ...

ABENDS:

TAG 91

Wie war dein Tag?

- Das habe ich heute erlebt: ...
- Ein Gedanke, der mir immer wieder kommt: ...
- Ich habe mir etwas vorgenommen, nämlich: ...
- Wen oder was kann ich derzeit einfach nicht ertragen?
- Wer oder was hilft mir gerade sehr?

Heute ist *(Wochentag und Datum)*

MORGENS:

Wie war deine Nacht? *Traumlos* *Albtraummäßig* *Traumhaft*

Das möchte ich dazu festhalten: ...

Dinge aus meinem Plan von gestern, die ich noch machen möchte:

1.

2.

Neues Tagesziel für heute:

TAGSÜBER:

Gedanken, die kommen und gehen: ...

ABENDS:

TAG 92

Wie war dein Tag?

- Diese drei Schlagworte sagen zu heute alles:

Heute ist *(Wochentag und Datum)*

MORGENS:

Wie war deine Nacht? *Traumlos* *Albtraummäßig* *Traumhaft*

Das möchte ich dazu festhalten: ...

Dinge aus meinem Plan von gestern, die ich noch machen möchte:

1.

2.

Neues Tagesziel für heute:

TAGSÜBER:

Gedanken, die kommen und gehen: ...

ABENDS:

TAG 93

Wie war dein Tag?

Auf einer Skala von 1 (schlecht) bis
10 (sehr gut), wo würdest du dich sehen?

1 2 3 4 5 6 7 8 9 10

- Heute war ich positiv überrascht von: ...
- Das hat mir ganz schön zugesetzt: ...
- Dafür bin ich ausgesprochen dankbar: ...

Heute ist *(Wochentag und Datum)*

MORGENS:

Wie war deine Nacht? *Traumlos* *Albtraummäßig* *Traumhaft*

Das möchte ich dazu festhalten: ...

Dinge aus meinem Plan von gestern, die ich noch machen möchte:

1.

2.

Neues Tagesziel für heute:

TAGSÜBER:

Gedanken, die kommen und gehen: ...

ABENDS:

TAG 94

Wie war dein Tag?

- Das möchte ich verändern: ...
- Ich merke, dass ich schon ganz gut darin bin, ...
- Darauf bin ich stolz: ...

Heute ist *(Wochentag und Datum)*

MORGENS:

Wie war deine Nacht? *Traumlos* *Albtraummäßig* *Traumhaft*

Das möchte ich dazu festhalten: ...

Dinge aus meinem Plan von gestern, die ich noch machen möchte:

1.

2.

Neues Tagesziel für heute:

TAGSÜBER:

Gedanken, die kommen und gehen: ...

TAG 95

ABENDS:

Wie war dein Tag?

- Das muss ich dir unbedingt erzählen: ...
- Ich fühle mich: ...
- Darüber habe ich mich heute gefreut: ...
- Das hat mich zum Nachdenken gebracht: ...
- Ich brauche: ...

Heute ist *(Wochentag und Datum)*

MORGENS:

Wie war deine Nacht? *Traumlos* *Albtraummäßig* *Traumhaft*

Das möchte ich dazu festhalten: ...

Dinge aus meinem Plan von gestern, die ich noch machen möchte:

1.

2.

Neues Tagesziel für heute:

TAGSÜBER:

Gedanken, die kommen und gehen: ...

ABENDS:

TAG 96

Wie war dein Tag?

- Das habe ich heute erlebt: ...
- Ein Gedanke, der mir immer wieder kommt: ...
- Ich habe mir etwas vorgenommen, nämlich: ...
- Wen oder was kann ich derzeit einfach nicht ertragen?
- Wer oder was hilft mir gerade sehr?

Heute ist *(Wochentag und Datum)*

MORGENS:

Wie war deine Nacht? *Traumlos* *Albtraummäßig* *Traumhaft*

Das möchte ich dazu festhalten: ...

Dinge aus meinem Plan von gestern, die ich noch machen möchte:

1.

2.

Neues Tagesziel für heute:

TAGSÜBER:

Gedanken, die kommen und gehen: ...

ABENDS:

Wie war dein Tag?

- Das muss ich dir unbedingt erzählen: ...
- Ich fühle mich: ...
- Darüber habe ich mich heute gefreut: ...
- Das hat mich zum Nachdenken gebracht: ...
- Ich brauche: ...

Heute ist *(Wochentag und Datum)*

MORGENS:

Wie war deine Nacht? *Traumlos* *Albtraummäßig* *Traumhaft*

Das möchte ich dazu festhalten: ...

Dinge aus meinem Plan von gestern, die ich noch machen möchte:

1.

2.

Neues Tagesziel für heute:

TAGSÜBER:

Gedanken, die kommen und gehen: ...

ABENDS:

TAG 98

Wie war dein Tag?

- Diese drei Schlagworte sagen zu heute alles:

Heute ist *(Wochentag und Datum)*

MORGENS:

Wie war deine Nacht? *Traumlos* *Albtraummäßig* *Traumhaft*

Das möchte ich dazu festhalten: ...

Dinge aus meinem Plan von gestern, die ich noch machen möchte:

1.

2.

Neues Tagesziel für heute:

TAGSÜBER:

Gedanken, die kommen und gehen: ...

TAG 99

ABENDS:

Wie war dein Tag?

Auf einer Skala von 1 (schlecht) bis 10 (sehr gut), wo würdest du dich sehen?

1 2 3 4 5 6 7 8 9 10

- Heute war ich positiv überrascht von: ...
- Das hat mir ganz schön zugesetzt: ...
- Dafür bin ich ausgesprochen dankbar: ...

Heute ist *(Wochentag und Datum)*

MORGENS:

Wie war deine Nacht? *Traumlos* *Albtraummäßig* *Traumhaft*

Das möchte ich dazu festhalten: ...

Dinge aus meinem Plan von gestern, die ich noch machen möchte:

1.

2.

Neues Tagesziel für heute:

TAGSÜBER:

Gedanken, die kommen und gehen: ...

TAG 100

ABENDS:

Wie war dein Tag?

- Das möchte ich verändern: ...
- Ich merke, dass ich schon ganz gut darin bin, ...
- Darauf bin ich stolz: ...

Heute ist *(Wochentag und Datum)*

MORGENS:

Wie war deine Nacht? *Traumlos* *Albtraummäßig* *Traumhaft*

Das möchte ich dazu festhalten: ...

Dinge aus meinem Plan von gestern, die ich noch machen möchte:

1.

2.

Neues Tagesziel für heute:

TAGSÜBER:

Gedanken, die kommen und gehen: ...

ABENDS:

TAG **101**

Wie war dein Tag?

- Das habe ich heute erlebt: ...
- Ein Gedanke, der mir immer wieder kommt: ...
- Ich habe mir etwas vorgenommen, nämlich: ...
- Wen oder was kann ich derzeit einfach nicht ertragen?
- Wer oder was hilft mir gerade sehr?

Heute ist *(Wochentag und Datum)*

BELOHNUNGSTAG

Von Zeit zu Zeit ist eine Belohnung doch sehr wichtig für unser Gemüt! Tu dir also in regelmäßigen Abständen etwas Gutes und an diesem Tag machen wir einfach eine kleine Pause.

Du kannst dir natürlich einfach notieren, was du aus diesem Tag gemacht hast. Was hast du dir gekauft? Eine Großpackung Eis vielleicht oder einen neuen Kuschelpullover? Was hast du Schönes gemacht? Eine Badewanne mit lauter Musik, ein Besuch beim Friseur oder gar ein Termin bei der Massage? Auch ein Ausflug, ein Besuch bei alten Freunden oder ein ganzer Tag auf der Couch vor dem Fernseher kann eine Belohnung sein. Ob groß, ob klein, ob kreativ oder langweilig. „It's up to you!"

TAG 102

Heute ist *(Wochentag und Datum)*

MORGENS:

Wie war deine Nacht? *Traumlos* *Albtraummäßig* *Traumhaft*

Das möchte ich dazu festhalten: ...

Meine nächste Belohnung, wenn ich mir etwas Gutes tun möchte, könnte so aussehen:

Neues Tagesziel für heute:

TAGSÜBER:

Gedanken, die kommen und gehen: ...

ABENDS:

TAG 103

Wie war dein Tag?

- Diese drei Schlagworte sagen zu heute alles:

Heute ist *(Wochentag und Datum)*

MORGENS:

Wie war deine Nacht? *Traumlos* *Albtraummäßig* *Traumhaft*

Das möchte ich dazu festhalten: ...

Dinge aus meinem Plan von gestern, die ich noch machen möchte:

1.

2.

Neues Tagesziel für heute:

TAGSÜBER:

Gedanken, die kommen und gehen: ...

ABENDS:

TAG 104

Wie war dein Tag?

Auf einer Skala von 1 (schlecht) bis
10 (sehr gut), wo würdest du dich sehen?

1 2 3 4 5 6 7 8 9 10

- Heute war ich positiv überrascht von: ...
- Das hat mir ganz schön zugesetzt: ...
- Dafür bin ich ausgesprochen dankbar: ...

Heute ist *(Wochentag und Datum)*

MORGENS:

Wie war deine Nacht? *Traumlos* *Albtraummäßig* *Traumhaft*

Das möchte ich dazu festhalten: ...

Dinge aus meinem Plan von gestern, die ich noch machen möchte:

1.

2.

Neues Tagesziel für heute:

TAGSÜBER:

Gedanken, die kommen und gehen: ...

ABENDS:

TAG 105

Wie war dein Tag?

- Das möchte ich verändern: ...
- Ich merke, dass ich schon ganz gut darin bin, ...
- Darauf bin ich stolz: ...

Heute ist *(Wochentag und Datum)*

MORGENS:

Wie war deine Nacht? *Traumlos* *Albtraummäßig* *Traumhaft*

Das möchte ich dazu festhalten: ...

Dinge aus meinem Plan von gestern, die ich noch machen möchte:

1.

2.

Neues Tagesziel für heute:

TAGSÜBER:

Gedanken, die kommen und gehen: ...

ABENDS:

TAG 106

Wie war dein Tag?

- Das habe ich heute erlebt: ...
- Ein Gedanke, der mir immer wieder kommt: ...
- Ich habe mir etwas vorgenommen, nämlich: ...
- Wen oder was kann ich derzeit einfach nicht ertragen?
- Wer oder was hilft mir gerade sehr?

Heute ist *(Wochentag und Datum)*

MORGENS:

Wie war deine Nacht? *Traumlos* *Albtraummäßig* *Traumhaft*

Das möchte ich dazu festhalten: ...

Dinge aus meinem Plan von gestern, die ich noch machen möchte:

1.

2.

Neues Tagesziel für heute:

TAGSÜBER:

Gedanken, die kommen und gehen: ...

TAG 107

ABENDS:

Wie war dein Tag?

- Das muss ich dir unbedingt erzählen: ...
- Ich fühle mich: ...
- Darüber habe ich mich heute gefreut: ...
- Das hat mich zum Nachdenken gebracht: ...
- Ich brauche: ...

Heute ist *(Wochentag und Datum)*

MORGENS:

Wie war deine Nacht? *Traumlos* *Albtraummäßig* *Traumhaft*

Das möchte ich dazu festhalten: ...

Dinge aus meinem Plan von gestern, die ich noch machen möchte:

1.

2.

Neues Tagesziel für heute:

TAGSÜBER:

Gedanken, die kommen und gehen: ...

ABENDS:

TAG 108

Wie war dein Tag?

- Das möchte ich verändern: ...
- Ich merke, dass ich schon ganz gut darin bin, ...
- Darauf bin ich stolz: ...

Heute ist *(Wochentag und Datum)*

MORGENS:

Wie war deine Nacht? *Traumlos* *Albtraummäßig* *Traumhaft*

Das möchte ich dazu festhalten: ...

Dinge aus meinem Plan von gestern, die ich noch machen möchte:

1.

2.

Neues Tagesziel für heute:

TAGSÜBER:

Gedanken, die kommen und gehen: ...

ABENDS:

TAG 109

Wie war dein Tag?

- Diese drei Schlagworte sagen zu heute alles:

Heute ist *(Wochentag und Datum)*

MORGENS:

Wie war deine Nacht? *Traumlos* *Albtraummäßig* *Traumhaft*

Das möchte ich dazu festhalten: ...

Dinge aus meinem Plan von gestern, die ich noch machen möchte:

1.

2.

Neues Tagesziel für heute:

TAGSÜBER:

Gedanken, die kommen und gehen: ...

TAG 110

ABENDS:

Wie war dein Tag?

Auf einer Skala von 1 (schlecht) bis
10 (sehr gut), wo würdest du dich sehen?

1 2 3 4 5 6 7 8 9 10

- Heute war ich positiv überrascht von: ...
- Das hat mir ganz schön zugesetzt: ...
- Dafür bin ich ausgesprochen dankbar: ...

Heute ist *(Wochentag und Datum)*

MORGENS:

Wie war deine Nacht? *Traumlos* *Albtraummäßig* *Traumhaft*

Das möchte ich dazu festhalten: ...

Dinge aus meinem Plan von gestern, die ich noch machen möchte:

1.

2.

Neues Tagesziel für heute:

TAGSÜBER:

Gedanken, die kommen und gehen: ...

ABENDS:

TAG 111

Wie war dein Tag?

- Das habe ich heute erlebt: ...
- Ein Gedanke, der mir immer wieder kommt: ...
- Ich habe mir etwas vorgenommen, nämlich: ...
- Wen oder was kann ich derzeit einfach nicht ertragen?
- Wer oder was hilft mir gerade sehr?

Heute ist *(Wochentag und Datum)*

MORGENS:

Wie war deine Nacht? *Traumlos* *Albtraummäßig* *Traumhaft*

Das möchte ich dazu festhalten: ...

Dinge aus meinem Plan von gestern, die ich noch machen möchte:

1.

2.

Neues Tagesziel für heute:

TAGSÜBER:

Gedanken, die kommen und gehen: ...

ABENDS:

Wie war dein Tag?

- Das möchte ich verändern: ...
- Ich merke, dass ich schon ganz gut darin bin, ...
- Darauf bin ich stolz: ...

TAG 112

Heute ist *(Wochentag und Datum)*

MORGENS:

Wie war deine Nacht? *Traumlos* *Albtraummäßig* *Traumhaft*

Das möchte ich dazu festhalten: ...

Dinge aus meinem Plan von gestern, die ich noch machen möchte:

1.

2.

Neues Tagesziel für heute:

TAGSÜBER:

Gedanken, die kommen und gehen: ...

ABENDS:

TAG 113

Wie war dein Tag?

- Das muss ich dir unbedingt erzählen: ...
- Ich fühle mich: ...
- Darüber habe ich mich heute gefreut: ...
- Das hat mich zum Nachdenken gebracht: ...
- Ich brauche: ...

Heute ist *(Wochentag und Datum)*

MORGENS:

Wie war deine Nacht? *Traumlos* *Albtraummäßig* *Traumhaft*

Das möchte ich dazu festhalten: ...

Dinge aus meinem Plan von gestern, die ich noch machen möchte:

1.

2.

Neues Tagesziel für heute:

TAGSÜBER:

Gedanken, die kommen und gehen: ...

ABENDS:

Wie war dein Tag?

- Diese drei Schlagworte sagen zu heute alles:

TAG 114

Heute ist *(Wochentag und Datum)*

MORGENS:

Wie war deine Nacht? *Traumlos* *Albtraummäßig* *Traumhaft*

Das möchte ich dazu festhalten: ...

Dinge aus meinem Plan von gestern, die ich noch machen möchte:

1.

2.

Neues Tagesziel für heute:

TAGSÜBER:

Gedanken, die kommen und gehen: ...

ABENDS:

TAG 115

Wie war dein Tag?

Auf einer Skala von 1 (schlecht) bis 10 (sehr gut), wo würdest du dich sehen?

1 2 3 4 5 6 7 8 9 10

- Heute war ich positiv überrascht von: ...
- Das hat mir ganz schön zugesetzt: ...
- Dafür bin ich ausgesprochen dankbar: ...

Heute ist *(Wochentag und Datum)*

MORGENS:

Wie war deine Nacht? *Traumlos* *Albtraummäßig* *Traumhaft*

Das möchte ich dazu festhalten: ...

Dinge aus meinem Plan von gestern, die ich noch machen möchte:

1.

2.

Neues Tagesziel für heute:

TAGSÜBER:

Gedanken, die kommen und gehen: ...

ABENDS:

TAG 116

Wie war dein Tag?

- Das habe ich heute erlebt: ...
- Ein Gedanke, der mir immer wieder kommt: ...
- Ich habe mir etwas vorgenommen, nämlich: ...
- Wen oder was kann ich derzeit einfach nicht ertragen?
- Wer oder was hilft mir gerade sehr?

Heute ist *(Wochentag und Datum)*

WALDBADEN – ACHTSAMKEIT

„So du zerstreut bist, lerne auf den Atem achten" (BUDDHA)

Heute ist der zweite Waldtag mit mir! Du hast bei unserem ersten Besuch bereits versucht, bewusst zu atmen. Genau damit beginnen wir heute wieder unseren Spaziergang. Je nach Jahreszeit darfst du heute auch einmal deine Schuhe ausziehen und dich vorsichtig auf dem Waldboden bewegen. Was spürst du alles? Bleibe einmal stehen und fühle, strecke deine Arme aus und umarme einen Baum, schließe die Augen und lächle innerlich. Trau dich, so einen Moment zu verharren. Alles wird sich in deinem Kopf beruhigen und sortieren. Lass dich auf dich selbst ein. Lass deine Gedanken kommen und gehen, lass dich treiben und lausche den Stimmen des Waldes!

Ein bisschen Frieden kehrt ein, wenn du ihn lässt...

TAG 117

Heute ist *(Wochentag und Datum)*

MORGENS:

Wie war deine Nacht? *Traumlos* *Albtraummäßig* *Traumhaft*

Das möchte ich dazu festhalten: ...

Der Ausflug in den Wald gestern hat mir folgendes Gefühl mit auf meinen weiteren Weg gegeben:

Neues Tagesziel für heute:

TAGSÜBER:

Gedanken, die kommen und gehen: ...

ABENDS:

TAG 118

Wie war dein Tag?

- Das möchte ich verändern: ...
- Ich merke, dass ich schon ganz gut darin bin, ...
- Darauf bin ich stolz: ...

Heute ist *(Wochentag und Datum)*

MORGENS:

Wie war deine Nacht? *Traumlos* *Albtraummäßig* *Traumhaft*

Das möchte ich dazu festhalten: ...

Dinge aus meinem Plan von gestern, die ich noch machen möchte:

1.

2.

Neues Tagesziel für heute:

TAGSÜBER:

Gedanken, die kommen und gehen: ...

ABENDS:

TAG 119

Wie war dein Tag?

- Diese drei Schlagworte sagen zu heute alles:

Heute ist *(Wochentag und Datum)*

MORGENS:

Wie war deine Nacht? *Traumlos* *Albtraummäßig* *Traumhaft*

Das möchte ich dazu festhalten: ...

Dinge aus meinem Plan von gestern, die ich noch machen möchte:

1.

2.

Neues Tagesziel für heute:

TAGSÜBER:

Gedanken, die kommen und gehen: ...

ABENDS:

TAG 120

Wie war dein Tag?

Auf einer Skala von 1 (schlecht) bis 10 (sehr gut), wo würdest du dich sehen?

1 2 3 4 5 6 7 8 9 10

- Heute war ich positiv überrascht von: ...
- Das hat mir ganz schön zugesetzt: ...
- Dafür bin ich ausgesprochen dankbar: ...

Heute ist *(Wochentag und Datum)*

MORGENS:

Wie war deine Nacht? *Traumlos* *Albtraummäßig* *Traumhaft*

Das möchte ich dazu festhalten: ...

Dinge aus meinem Plan von gestern, die ich noch machen möchte:

1.

2.

Neues Tagesziel für heute:

TAGSÜBER:

Gedanken, die kommen und gehen: ...

ABENDS:

TAG 121

Wie war dein Tag?

- Das habe ich heute erlebt: ...
- Ein Gedanke, der mir immer wieder kommt: ...
- Ich habe mir etwas vorgenommen, nämlich: ...
- Wen oder was kann ich derzeit einfach nicht ertragen?
- Wer oder was hilft mir gerade sehr?

Heute ist *(Wochentag und Datum)*

MORGENS:

Wie war deine Nacht? *Traumlos* *Albtraummäßig* *Traumhaft*

Das möchte ich dazu festhalten: ...

Dinge aus meinem Plan von gestern, die ich noch machen möchte:

1.

2.

Neues Tagesziel für heute:

TAGSÜBER:

Gedanken, die kommen und gehen: ...

ABENDS:

TAG 122

Wie war dein Tag?

- Das muss ich dir unbedingt erzählen: ...
- Ich fühle mich: ...
- Darüber habe ich mich heute gefreut: ...
- Das hat mich zum Nachdenken gebracht: ...
- Ich brauche: ...

Heute ist *(Wochentag und Datum)*

MORGENS:

Wie war deine Nacht? *Traumlos* *Albtraummäßig* *Traumhaft*

Das möchte ich dazu festhalten: ...

Dinge aus meinem Plan von gestern, die ich noch machen möchte:

1.

2.

Neues Tagesziel für heute:

TAGSÜBER:

Gedanken, die kommen und gehen: ...

ABENDS:

Wie war dein Tag?

- Das möchte ich verändern: ...
- Ich merke, dass ich schon ganz gut darin bin, ...
- Darauf bin ich stolz: ...

Heute ist *(Wochentag und Datum)*

MORGENS:

Wie war deine Nacht? *Traumlos* *Albtraummäßig* *Traumhaft*

Das möchte ich dazu festhalten: ...

Dinge aus meinem Plan von gestern, die ich noch machen möchte:

1.

2.

Neues Tagesziel für heute:

TAGSÜBER:

Gedanken, die kommen und gehen: ...

ABENDS:

TAG 124

Wie war dein Tag?

- Diese drei Schlagworte sagen zu heute alles:

Heute ist *(Wochentag und Datum)*

MORGENS:

Wie war deine Nacht? *Traumlos* *Albtraummäßig* *Traumhaft*

Das möchte ich dazu festhalten: ...

Dinge aus meinem Plan von gestern, die ich noch machen möchte:

1.

2.

Neues Tagesziel für heute:

TAGSÜBER:

Gedanken, die kommen und gehen: ...

ABENDS:

TAG 125

Wie war dein Tag?

Auf einer Skala von 1 (schlecht) bis 10 (sehr gut), wo würdest du dich sehen?

1 2 3 4 5 6 7 8 9 10

- Heute war ich positiv überrascht von: ...
- Das hat mir ganz schön zugesetzt: ...
- Dafür bin ich ausgesprochen dankbar: ...

Heute ist *(Wochentag und Datum)*

MORGENS:

Wie war deine Nacht? *Traumlos* *Albtraummäßig* *Traumhaft*

Das möchte ich dazu festhalten: ...

Dinge aus meinem Plan von gestern, die ich noch machen möchte:

1.

2.

Neues Tagesziel für heute:

TAGSÜBER:

Gedanken, die kommen und gehen: ...

ABENDS:

TAG 126

Wie war dein Tag?

- Das habe ich heute erlebt: ...
- Ein Gedanke, der mir immer wieder kommt: ...
- Ich habe mir etwas vorgenommen, nämlich: ...
- Wen oder was kann ich derzeit einfach nicht ertragen?
- Wer oder was hilft mir gerade sehr?

Heute ist *(Wochentag und Datum)*

MORGENS:

Wie war deine Nacht? *Traumlos* *Albtraummäßig* *Traumhaft*

Das möchte ich dazu festhalten: ...

Dinge aus meinem Plan von gestern, die ich noch machen möchte:

1.

2.

Neues Tagesziel für heute:

TAGSÜBER:

Gedanken, die kommen und gehen: ...

ABENDS:

TAG 127

Wie war dein Tag?

- Das muss ich dir unbedingt erzählen: ...
- Ich fühle mich: ...
- Darüber habe ich mich heute gefreut: ....
- Das hat mich zum Nachdenken gebracht: ...
- Ich brauche: ...

Heute ist *(Wochentag und Datum)*

MORGENS:

Wie war deine Nacht? *Traumlos* *Albtraummäßig* *Traumhaft*

Das möchte ich dazu festhalten: ...

Dinge aus meinem Plan von gestern, die ich noch machen möchte:

1.

2.

Neues Tagesziel für heute:

TAGSÜBER:

Gedanken, die kommen und gehen: ...

ABENDS:

TAG 128

Wie war dein Tag?

- Das möchte ich verändern: ...
- Ich merke, dass ich schon ganz gut darin bin, ...
- Darauf bin ich stolz: ...

Heute ist *(Wochentag und Datum)*

MORGENS:

Wie war deine Nacht? *Traumlos* *Albtraummäßig* *Traumhaft*

Das möchte ich dazu festhalten: ...

Dinge aus meinem Plan von gestern, die ich noch machen möchte:

1.

2.

Neues Tagesziel für heute:

TAGSÜBER:

Gedanken, die kommen und gehen: ...

ABENDS:

Wie war dein Tag?

TAG 129

- Diese drei Schlagworte sagen zu heute alles:

Heute ist *(Wochentag und Datum)*

HANDYNACHLASS

Unser Handy oder Smartphone begleitet uns beinahe täglich! Für manche Menschen ist es der ständige Begleiter, ein kleiner Computer, in dem alles gespeichert ist. Wichtige Telefonnummern, Eintragungen und Notizen, der Kalender mit allen Terminen und nicht zuletzt Fotos, die an Erlebnisse aus der Vergangenheit erinnern. Und genau diese wollen wir uns heute einmal vornehmen! Schaust du oft die Ordner an, in denen bestimmte Bilder abgelegt sind? Wie wäre es, wenn wir all diese Bilder heute einmal bewusst anschauen? Wenn du dazu bereit bist, mach es dir mit einem leckeren Getränk gemütlich. Die Tränen, die kommen werden, dürfen laufen.

Schau dir deine Erinnerungen genau an. Was kommen dir für Gedanken und Gefühle? Ich möchte dir gern vorschlagen, dass du all diese Bilder an einem anderen Ort abspeicherst. Oder ein Fotobuch daraus erstellst, welches du in deine Erinnerungskiste legen könntest oder griffbereit in das Regal stellen kannst. Es wird dich wieder ein Stück freier machen, und die Gewissheit, dass alles immer da bleiben wird, ist an deiner Seite! Es muss nicht heute sein, nicht alles auf einmal. Aber vielleicht kannst du es in deine To-do-Liste eintragen, als Ziel für diese oder die kommenden Wochen. Und wenn du es nicht allein schaffst, ist das in Ordnung! Mit jemandem zusammen fällt diese Aufgabe mitunter sehr viel leichter. Denk einfach in Ruhe darüber nach, ob, wann und mit wem der richtige Zeitpunkt sein könnte.

ABENDS:

TAG 130

Wie war dein Tag?

- Diese drei Schlagworte sagen zu heute alles:

Heute ist *(Wochentag und Datum)*

MORGENS:

Wie war deine Nacht? *Traumlos* *Albtraummäßig* *Traumhaft*

Das möchte ich dazu festhalten: ...

Wenn ich für meine Gefühle während der gestrigen Aufgabe Adjektive finden sollte, die sie am besten beschreiben, dann fallen mir dazu folgende Worte ein:

1.

2.

3.

Neues Tagesziel für heute:

TAGSÜBER:

Gedanken, die kommen und gehen: ...

TAG 131

ABENDS:

Wie war dein Tag?

- Das habe ich heute erlebt: ...
- Ein Gedanke, der mir immer wieder kommt: ...
- Ich habe mir etwas vorgenommen, nämlich: ...
- Wen oder was kann ich derzeit einfach nicht ertragen?
- Wer oder was hilft mir gerade sehr?

Heute ist *(Wochentag und Datum)*

MORGENS:

Wie war deine Nacht? *Traumlos* *Albtraummäßig* *Traumhaft*

Das möchte ich dazu festhalten: ...

Dinge aus meinem Plan von gestern, die ich noch machen möchte:

1.

2.

Neues Tagesziel für heute:

TAGSÜBER:

Gedanken, die kommen und gehen: ...

ABENDS:

TAG 132

Wie war dein Tag?

Auf einer Skala von 1 (schlecht) bis 10 (sehr gut), wo würdest du dich sehen?

1 2 3 4 5 6 7 8 9 10

- Heute war ich positiv überrascht von: ...
- Das hat mir ganz schön zugesetzt: ...
- Dafür bin ich ausgesprochen dankbar: ...

Heute ist *(Wochentag und Datum)*

MORGENS:

Wie war deine Nacht? *Traumlos* *Albtraummäßig* *Traumhaft*

Das möchte ich dazu festhalten: ...

Dinge aus meinem Plan von gestern, die ich noch machen möchte:

1.

2.

Neues Tagesziel für heute:

TAGSÜBER:

Gedanken, die kommen und gehen: ...

ABENDS:

TAG 133

Wie war dein Tag?

- Das möchte ich verändern: …
- Ich merke, dass ich schon ganz gut darin bin, …
- Darauf bin ich stolz: …

Heute ist *(Wochentag und Datum)*

MORGENS:

Wie war deine Nacht? *Traumlos* *Albtraummäßig* *Traumhaft*

Das möchte ich dazu festhalten: ...

Dinge aus meinem Plan von gestern, die ich noch machen möchte:

1.

2.

Neues Tagesziel für heute:

TAGSÜBER:

Gedanken, die kommen und gehen: ...

ABENDS:

TAG 134

Wie war dein Tag?

- Diese drei Schlagworte sagen zu heute alles:

Heute ist *(Wochentag und Datum)*

MORGENS:

Wie war deine Nacht? *Traumlos* *Albtraummäßig* *Traumhaft*

Das möchte ich dazu festhalten: ...

Dinge aus meinem Plan von gestern, die ich noch machen möchte:

1.

2.

Neues Tagesziel für heute:

TAGSÜBER:

Gedanken, die kommen und gehen: ...

ABENDS:

TAG 135

Wie war dein Tag?

- Das muss ich dir unbedingt erzählen: ...
- Ich fühle mich: ...
- Darüber habe ich mich heute gefreut: ...
- Das hat mich zum Nachdenken gebracht: ...
- Ich brauche: ...

Heute ist *(Wochentag und Datum)*

BELOHNUNGSTAG

Weißt du noch!? Tu dir etwas Gutes. Mach etwas Verrücktes, erfüll dir einen Wunsch ...

TAG 136

Heute ist *(Wochentag und Datum)*

MORGENS:

Wie war deine Nacht? *Traumlos* *Albtraummäßig* *Traumhaft*

Das möchte ich dazu festhalten: ...

Damit habe ich mich gestern belohnt:

Neues Tagesziel für heute:

TAGSÜBER:

Gedanken, die kommen und gehen: ...

ABENDS:

TAG 137

Wie war dein Tag?

Auf einer Skala von 1 (schlecht) bis 10 (sehr gut), wo würdest du dich sehen?

1 2 3 4 5 6 7 8 9 10

- Heute war ich positiv überrascht von: ...
- Das hat mir ganz schön zugesetzt: ...
- Dafür bin ich ausgesprochen dankbar: ...

Heute ist *(Wochentag und Datum)*

MORGENS:

Wie war deine Nacht? *Traumlos* *Albtraummäßig* *Traumhaft*

Das möchte ich dazu festhalten: ...

Dinge aus meinem Plan von gestern, die ich noch machen möchte:

1.

2.

Neues Tagesziel für heute:

TAGSÜBER:

Gedanken, die kommen und gehen: ...

ABENDS:

TAG 138

Wie war dein Tag?

- Das möchte ich verändern: ...
- Ich merke, dass ich schon ganz gut darin bin, ...
- Darauf bin ich stolz: ...

Heute ist *(Wochentag und Datum)*

MORGENS:

Wie war deine Nacht? *Traumlos* *Albtraummäßig* *Traumhaft*

Das möchte ich dazu festhalten: ...

Dinge aus meinem Plan von gestern, die ich noch machen möchte:

1.

2.

Neues Tagesziel für heute:

TAGSÜBER:

Gedanken, die kommen und gehen: ...

ABENDS:

TAG 139

Wie war dein Tag?

- Diese drei Schlagworte sagen zu heute alles:

Heute ist *(Wochentag und Datum)*

MORGENS:

Wie war deine Nacht? *Traumlos* *Albtraummäßig* *Traumhaft*

Das möchte ich dazu festhalten: ...

Dinge aus meinem Plan von gestern, die ich noch machen möchte:

1.

2.

Neues Tagesziel für heute:

TAGSÜBER:

Gedanken, die kommen und gehen: ...

ABENDS:

TAG 140

Wie war dein Tag?

- Das muss ich dir unbedingt erzählen: ...
- Ich fühle mich: ...
- Darüber habe ich mich heute gefreut: ...
- Das hat mich zum Nachdenken gebracht: ...
- Ich brauche: ...

Heute ist *(Wochentag und Datum)*

MORGENS:

Wie war deine Nacht? *Traumlos* *Albtraummäßig* *Traumhaft*

Das möchte ich dazu festhalten: ...

Dinge aus meinem Plan von gestern, die ich noch machen möchte:

1.

2.

Neues Tagesziel für heute:

TAGSÜBER:

Gedanken, die kommen und gehen: ...

ABENDS:

TAG 141

Wie war dein Tag?

- Das möchte ich verändern: ...
- Ich merke, dass ich schon ganz gut darin bin, ...
- Darauf bin ich stolz: ...

Heute ist *(Wochentag und Datum)*

MORGENS:

Wie war deine Nacht? *Traumlos* *Albtraummäßig* *Traumhaft*

Das möchte ich dazu festhalten: ...

Dinge aus meinem Plan von gestern, die ich noch machen möchte:

1.

2.

Neues Tagesziel für heute:

TAGSÜBER:

Gedanken, die kommen und gehen: ...

ABENDS:

TAG 142

Wie war dein Tag?

- Das habe ich heute erlebt: ...
- Ein Gedanke, der mir immer wieder kommt: ...
- Ich habe mir etwas vorgenommen, nämlich: ...
- Wen oder was kann ich derzeit einfach nicht ertragen?
- Wer oder was hilft mir gerade sehr?

Heute ist *(Wochentag und Datum)*

MORGENS:

Wie war deine Nacht? *Traumlos* *Albtraummäßig* *Traumhaft*

Das möchte ich dazu festhalten: ...

Dinge aus meinem Plan von gestern, die ich noch machen möchte:

1.

2.

Neues Tagesziel für heute:

TAGSÜBER:

Gedanken, die kommen und gehen: ...

ABENDS:

TAG 143

Wie war dein Tag?

Auf einer Skala von 1 (schlecht) bis 10 (sehr gut), wo würdest du dich sehen?

1 2 3 4 5 6 7 8 9 10

- Heute war ich positiv überrascht von: ...
- Das hat mir ganz schön zugesetzt: ...
- Dafür bin ich ausgesprochen dankbar: ...

Heute ist *(Wochentag und Datum)*

MORGENS:

Wie war deine Nacht? *Traumlos* *Albtraummäßig* *Traumhaft*

Das möchte ich dazu festhalten: ...

Dinge aus meinem Plan von gestern, die ich noch machen möchte:

1.

2.

Neues Tagesziel für heute:

TAGSÜBER:

Gedanken, die kommen und gehen: ...

TAG 144

ABENDS:

Wie war dein Tag?

- Diese drei Schlagworte sagen zu heute alles:

Heute ist *(Wochentag und Datum)*

MORGENS:

Wie war deine Nacht? *Traumlos* *Albtraummäßig* *Traumhaft*

Das möchte ich dazu festhalten: ...

Dinge aus meinem Plan von gestern, die ich noch machen möchte:

1.

2.

Neues Tagesziel für heute:

TAGSÜBER:

Gedanken, die kommen und gehen: ...

ABENDS:

TAG 145

Wie war dein Tag?

- Das möchte ich verändern: ...
- Ich merke, dass ich schon ganz gut darin bin, ...
- Darauf bin ich stolz: ...

Heute ist *(Wochentag und Datum)*

MORGENS:

Wie war deine Nacht? *Traumlos* *Albtraummäßig* *Traumhaft*

Das möchte ich dazu festhalten: ...

Dinge aus meinem Plan von gestern, die ich noch machen möchte:

1.

2.

Neues Tagesziel für heute:

TAGSÜBER:

Gedanken, die kommen und gehen: ...

ABENDS:

TAG 146

Wie war dein Tag?

- Das muss ich dir unbedingt erzählen: ...
- Ich fühle mich: ...
- Darüber habe ich mich heute gefreut: ...
- Das hat mich zum Nachdenken gebracht: ...
- Ich brauche: ...

Heute ist *(Wochentag und Datum)*

MORGENS:

Wie war deine Nacht? *Traumlos* *Albtraummäßig* *Traumhaft*

Das möchte ich dazu festhalten: ...

Dinge aus meinem Plan von gestern, die ich noch machen möchte:

1.

2.

Neues Tagesziel für heute:

TAGSÜBER:

Gedanken, die kommen und gehen: ...

ABENDS:

TAG 147

Wie war dein Tag?

- Das habe ich heute erlebt: ...
- Ein Gedanke, der mir immer wieder kommt: ...
- Ich habe mir etwas vorgenommen, nämlich: ...
- Wen oder was kann ich derzeit einfach nicht ertragen?
- Wer oder was hilft mir gerade sehr?

Heute ist *(Wochentag und Datum)*

MORGENS:

Wie war deine Nacht? *Traumlos* *Albtraummäßig* *Traumhaft*

Das möchte ich dazu festhalten: ...

Dinge aus meinem Plan von gestern, die ich noch machen möchte:

1.

2.

Neues Tagesziel für heute:

TAGSÜBER:

Gedanken, die kommen und gehen: ...

ABENDS:

TAG 148

Wie war dein Tag?

Auf einer Skala von 1 (schlecht) bis 10 (sehr gut), wo würdest du dich sehen?

1 2 3 4 5 6 7 8 9 10

- Heute war ich positiv überrascht von: ...
- Das hat mir ganz schön zugesetzt: ...
- Dafür bin ich ausgesprochen dankbar: ...

Heute ist *(Wochentag und Datum)* . . . .

ACHTSAMKEITSÜBUNG

Im Wald habe ich dich dazu bewegen wollen, achtsam mit dir und der Natur zu sein. Achtsamkeit bedeutet, alles ganz bewusst zu tun. Wir folgen täglich einer gewissen Routine, über deren Details wir gar nicht mehr nachdenken. Das Zähneputzen zum Beispiel. Es gehört dazu und wird erledigt, wenn wir aufgestanden sind. Oder das Frühstück. Ob mit oder ohne Appetit, ob schnell zwischendurch oder mühsam kauend: wir tun es einfach! Achtsam zu sein bedeutet, sich Zeit zu nehmen für die jeweilige Tätigkeit und sich auf das, was wir gerade tun, vollkommen zu konzentrieren. Wir sind es gewohnt, viele Dinge gleichzeitig zu erledigen oder beim Tun schon an das Nächste zu denken. Das fördert Stress und lässt uns flach atmen, anstatt tief durchzuatmen. Es lässt uns nicht genießen und die Gründlichkeit bleibt auch manchmal dabei auf der Strecke, wenn wir immer alles nur nebenbei oder schnell durchführen.

Versuche also heute einma, alles mit Bedacht zu tun. Kindern wird empfohlen, drei Minuten lang die Zähne zu putzen. Jeden einzelnen Zahn, von allen Seiten. Wann hast du das zum letzten Mal wirklich gemacht? Kaue dein Essen 15–20 Mal, bevor du den Bissen hinunterschluckst. Spüre, wie deine Zähne die Kost zermalmen und wie sich dein Magen langsam füllt. Trinke Schluck für Schluck und bleibe ruhig bei deinen Mahlzeiten sitzen. Schmecke bewusst und konzentriere dich nur darauf.

Du kannst in jeder deiner Tätigkeiten achtsam mit dir selbst sein. Es entschleunigt und bringt dich zurück in deine Mitte!

TAG 149

Heute ist *(Wochentag und Datum)*

MORGENS:

Wie war deine Nacht? *Traumlos* *Albtraummäßig* *Traumhaft*

Das möchte ich dazu festhalten: ...

In diesen Situationen möchte ich in Zukunft achtsamer mit mir umgehen:

1.

2.

3.

Neues Tagesziel für heute:

TAGSÜBER:

Gedanken, die kommen und gehen: ...

ABENDS:

TAG **150**

Wie war dein Tag?

- Diese drei Schlagworte sagen zu heute alles:

Heute ist *(Wochentag und Datum)*

MORGENS:

Wie war deine Nacht? *Traumlos* *Albtraummäßig* *Traumhaft*

Das möchte ich dazu festhalten: ...

Dinge aus meinem Plan von gestern, die ich noch machen möchte:

1.

2.

Neues Tagesziel für heute:

TAGSÜBER:

Gedanken, die kommen und gehen: ...

ABENDS:

TAG 151

Wie war dein Tag?

- Das möchte ich verändern: ...
- Ich merke, dass ich schon ganz gut darin bin, ...
- Darauf bin ich stolz: ...

Heute ist *(Wochentag und Datum)*

MORGENS:

Wie war deine Nacht? *Traumlos* *Albtraummäßig* *Traumhaft*

Das möchte ich dazu festhalten: ...

Dinge aus meinem Plan von gestern, die ich noch machen möchte:

1.

2.

Neues Tagesziel für heute:

TAGSÜBER:

Gedanken, die kommen und gehen: ...

ABENDS:

TAG 152

Wie war dein Tag?

- Das habe ich heute erlebt: ...
- Ein Gedanke, der mir immer wieder kommt: ...
- Ich habe mir etwas vorgenommen, nämlich: ...
- Wen oder was kann ich derzeit einfach nicht ertragen?
- Wer oder was hilft mir gerade sehr?

Heute ist *(Wochentag und Datum)*

MORGENS:

Wie war deine Nacht? *Traumlos* *Albtraummäßig* *Traumhaft*

Das möchte ich dazu festhalten: ...

Dinge aus meinem Plan von gestern, die ich noch machen möchte:

1.

2.

Neues Tagesziel für heute:

TAGSÜBER:

Gedanken, die kommen und gehen: ...

ABENDS:

TAG 153

Wie war dein Tag?

Auf einer Skala von 1 (schlecht) bis 10 (sehr gut), wo würdest du dich sehen?

1 2 3 4 5 6 7 8 9 10

- Heute war ich positiv überrascht von: ...
- Das hat mir ganz schön zugesetzt: ...
- Dafür bin ich ausgesprochen dankbar: ...

Heute ist *(Wochentag und Datum)*

MORGENS:

Wie war deine Nacht? *Traumlos* *Albtraummäßig* *Traumhaft*

Das möchte ich dazu festhalten: ...

Dinge aus meinem Plan von gestern, die ich noch machen möchte:

1.

2.

Neues Tagesziel für heute:

TAGSÜBER:

Gedanken, die kommen und gehen: ...

ABENDS:

Wie war dein Tag?

TAG 154

- Das muss ich dir unbedingt erzählen: ...
- Ich fühle mich: ...
- Darüber habe ich mich heute gefreut: ...
- Das hat mich zum Nachdenken gebracht: ...
- Ich brauche: ...

Heute ist *(Wochentag und Datum)*

MORGENS:

Wie war deine Nacht? *Traumlos* *Albtraummäßig* *Traumhaft*

Das möchte ich dazu festhalten: ...

Dinge aus meinem Plan von gestern, die ich noch machen möchte:

1.

2.

Neues Tagesziel für heute:

TAGSÜBER:

Gedanken, die kommen und gehen: ...

ABENDS:

TAG 155

Wie war dein Tag?

- Diese drei Schlagworte sagen zu heute alles:

Heute ist *(Wochentag und Datum)*

MORGENS:

Wie war deine Nacht? *Traumlos* *Albtraummäßig* *Traumhaft*

Das möchte ich dazu festhalten: ...

Dinge aus meinem Plan von gestern, die ich noch machen möchte:

1.

2.

Neues Tagesziel für heute:

TAGSÜBER:

Gedanken, die kommen und gehen: ...

ABENDS:

TAG 156

Wie war dein Tag?

- Das möchte ich verändern: ...
- Ich merke, dass ich schon ganz gut darin bin, ...
- Darauf bin ich stolz: ...

Heute ist *(Wochentag und Datum)*

MORGENS:

Wie war deine Nacht? *Traumlos* *Albtraummäßig* *Traumhaft*

Das möchte ich dazu festhalten: ...

Dinge aus meinem Plan von gestern, die ich noch machen möchte:

1.

2.

Neues Tagesziel für heute:

TAGSÜBER:

Gedanken, die kommen und gehen: ...

TAG 157

ABENDS:

Wie war dein Tag?

- Das habe ich heute erlebt: ...
- Ein Gedanke, der mir immer wieder kommt: ...
- Ich habe mir etwas vorgenommen, nämlich: ...
- Wen oder was kann ich derzeit einfach nicht ertragen?
- Wer oder was hilft mir gerade sehr?

Heute ist *(Wochentag und Datum)*

MORGENS:

Wie war deine Nacht? *Traumlos* *Albtraummäßig* *Traumhaft*

Das möchte ich dazu festhalten: ...

Dinge aus meinem Plan von gestern, die ich noch machen möchte:

1.

2.

Neues Tagesziel für heute:

TAGSÜBER:

Gedanken, die kommen und gehen: ...

ABENDS:

TAG 158

Wie war dein Tag?

Auf einer Skala von 1 (schlecht) bis 10 (sehr gut), wo würdest du dich sehen?

1 2 3 4 5 6 7 8 9 10

- Heute war ich positiv überrascht von: ...
- Das hat mir ganz schön zugesetzt: ...
- Dafür bin ich ausgesprochen dankbar: ...

Heute ist *(Wochentag und Datum)*

MORGENS:

Wie war deine Nacht? *Traumlos* *Albtraummäßig* *Traumhaft*

Das möchte ich dazu festhalten: ...

Dinge aus meinem Plan von gestern, die ich noch machen möchte:

1.

2.

Neues Tagesziel für heute:

TAGSÜBER:

Gedanken, die kommen und gehen: ...

ABENDS:

TAG 159

Wie war dein Tag?

- Das muss ich dir unbedingt erzählen: ...
- Ich fühle mich: ...
- Darüber habe ich mich heute gefreut: ...
- Das hat mich zum Nachdenken gebracht: ...
- Ich brauche: ...

Heute ist *(Wochentag und Datum)*

MORGENS:

Wie war deine Nacht? *Traumlos* *Albtraummäßig* *Traumhaft*

Das möchte ich dazu festhalten: ...

Dinge aus meinem Plan von gestern, die ich noch machen möchte:

1.

2.

Neues Tagesziel für heute:

TAGSÜBER:

Gedanken, die kommen und gehen: ...

ABENDS:

TAG 160

Wie war dein Tag?

- Diese drei Schlagworte sagen zu heute alles:

Heute ist *(Wochentag und Datum)*

MORGENS:

Wie war deine Nacht? *Traumlos* *Albtraummäßig* *Traumhaft*

Das möchte ich dazu festhalten: ...

Dinge aus meinem Plan von gestern, die ich noch machen möchte:

1.

2.

Neues Tagesziel für heute:

TAGSÜBER:

Gedanken, die kommen und gehen: ...

ABENDS:

TAG 161

Wie war dein Tag?

- Das möchte ich verändern: ...
- Ich merke, dass ich schon ganz gut darin bin, ...
- Darauf bin ich stolz: ...

Heute ist *(Wochentag und Datum)*

MORGENS:

Wie war deine Nacht? *Traumlos* *Albtraummäßig* *Traumhaft*

Das möchte ich dazu festhalten: ...

Dinge aus meinem Plan von gestern, die ich noch machen möchte:

1.

2.

Neues Tagesziel für heute:

TAGSÜBER:

Gedanken, die kommen und gehen: ...

ABENDS:

TAG 162

Wie war dein Tag?

- Das habe ich heute erlebt: …
- Ein Gedanke, der mir immer wieder kommt: …
- Ich habe mir etwas vorgenommen, nämlich: …
- Wen oder was kann ich derzeit einfach nicht ertragen?
- Wer oder was hilft mir gerade sehr?

Heute ist *(Wochentag und Datum)*

MORGENS:

Wie war deine Nacht? *Traumlos* *Albtraummäßig* *Traumhaft*

Das möchte ich dazu festhalten: ...

Dinge aus meinem Plan von gestern, die ich noch machen möchte:

1.

2.

Neues Tagesziel für heute:

TAGSÜBER:

Gedanken, die kommen und gehen: ...

TAG 163

ABENDS:

Wie war dein Tag?

Auf einer Skala von 1 (schlecht) bis 10 (sehr gut), wo würdest du dich sehen?

1 2 3 4 5 6 7 8 9 10

- Heute war ich positiv überrascht von: ...
- Das hat mir ganz schön zugesetzt: ...
- Dafür bin ich ausgesprochen dankbar: ...

Heute ist *(Wochentag und Datum)*

MORGENS:

Wie war deine Nacht? *Traumlos* *Albtraummäßig* *Traumhaft*

Das möchte ich dazu festhalten: ...

Dinge aus meinem Plan von gestern, die ich noch machen möchte:

1.

2.

Neues Tagesziel für heute:

TAGSÜBER:

Gedanken, die kommen und gehen: ...

ABENDS:

TAG 164

Wie war dein Tag?

- Das muss ich dir unbedingt erzählen: ...
- Ich fühle mich: ...
- Darüber habe ich mich heute gefreut: ...
- Das hat mich zum Nachdenken gebracht: ...
- Ich brauche: ...

Heute ist *(Wochentag und Datum)*

MORGENS:

Wie war deine Nacht? *Traumlos* *Albtraummäßig* *Traumhaft*

Das möchte ich dazu festhalten: ...

Dinge aus meinem Plan von gestern, die ich noch machen möchte:

1.

2.

Neues Tagesziel für heute:

TAGSÜBER:

Gedanken, die kommen und gehen: ...

ABENDS:

TAG 165

Wie war dein Tag?

- Diese drei Schlagworte sagen zu heute alles:

Heute ist *(Wochentag und Datum)*

MORGENS:

Wie war deine Nacht? *Traumlos* *Albtraummäßig* *Traumhaft*

Das möchte ich dazu festhalten: ...

Dinge aus meinem Plan von gestern, die ich noch machen möchte:

1.

2.

Neues Tagesziel für heute:

TAGSÜBER:

Gedanken, die kommen und gehen: ...

ABENDS:

Wie war dein Tag?

- Das möchte ich verändern: ...
- Ich merke, dass ich schon ganz gut darin bin, ...
- Darauf bin ich stolz: ...

TAG 166

Heute ist *(Wochentag und Datum)*

MORGENS:

Wie war deine Nacht? *Traumlos* *Albtraummäßig* *Traumhaft*

Das möchte ich dazu festhalten: ...

Dinge aus meinem Plan von gestern, die ich noch machen möchte:

1.

2.

Neues Tagesziel für heute:

TAGSÜBER:

Gedanken, die kommen und gehen: ...

ABENDS:

TAG 167

Wie war dein Tag?

- Das habe ich heute erlebt: ...
- Ein Gedanke, der mir immer wieder kommt: ...
- Ich habe mir etwas vorgenommen, nämlich: ...
- Wen oder was kann ich derzeit einfach nicht ertragen?
- Wer oder was hilft mir gerade sehr?

Heute ist *(Wochentag und Datum)*

BELOHNUNGSTAG

Da bin ich wieder: dein besonderer Tag. Was steht heute auf deinem Wunschzettel?

TAG 168

Heute ist *(Wochentag und Datum)*

MORGENS:

Wie war deine Nacht? *Traumlos* *Albtraummäßig* *Traumhaft*

Das möchte ich dazu festhalten: ...

Wenn ich einen kurzen Blick zurück auf die vergangenen vierzehn Tage werfe, dann hat sich folgendes verändert:

1.

2.

Neues Tagesziel für heute:

TAGSÜBER:

Gedanken, die kommen und gehen: ...

ABENDS:

TAG 169

Wie war dein Tag?

Auf einer Skala von 1 (schlecht) bis 10 (sehr gut), wo würdest du dich sehen?

1 2 3 4 5 6 7 8 9 10

- Heute war ich positiv überrascht von: ...
- Das hat mir ganz schön zugesetzt: ...
- Dafür bin ich ausgesprochen dankbar: ...

Heute ist *(Wochentag und Datum)*

MORGENS:

Wie war deine Nacht? *Traumlos* *Albtraummäßig* *Traumhaft*

Das möchte ich dazu festhalten: ...

Dinge aus meinem Plan von gestern, die ich noch machen möchte:

1.

2.

Neues Tagesziel für heute:

TAGSÜBER:

Gedanken, die kommen und gehen: ...

ABENDS:

TAG 170

Wie war dein Tag?

- Diese drei Schlagworte sagen zu heute alles:

Heute ist *(Wochentag und Datum)*

MORGENS:

Wie war deine Nacht? *Traumlos* *Albtraummäßig* *Traumhaft*

Das möchte ich dazu festhalten: ...

Dinge aus meinem Plan von gestern, die ich noch machen möchte:

1.

2.

Neues Tagesziel für heute:

TAGSÜBER:

Gedanken, die kommen und gehen: ...

ABENDS:

TAG 171

Wie war dein Tag?

- Das möchte ich verändern: ...
- Ich merke, dass ich schon ganz gut darin bin, ...
- Darauf bin ich stolz: ...

Heute ist *(Wochentag und Datum)*

MORGENS:

Wie war deine Nacht? *Traumlos* *Albtraummäßig* *Traumhaft*

Das möchte ich dazu festhalten: ...

Dinge aus meinem Plan von gestern, die ich noch machen möchte:

1.

2.

Neues Tagesziel für heute:

TAGSÜBER:

Gedanken, die kommen und gehen: ...

TAG 172

ABENDS:

Wie war dein Tag?

- Das habe ich heute erlebt: ...
- Ein Gedanke, der mir immer wieder kommt: ...
- Ich habe mir etwas vorgenommen, nämlich: ...
- Wen oder was kann ich derzeit einfach nicht ertragen?
- Wer oder was hilft mir gerade sehr?

Heute ist *(Wochentag und Datum)*

MORGENS:

Wie war deine Nacht? *Traumlos* *Albtraummäßig* *Traumhaft*

Das möchte ich dazu festhalten: ...

Dinge aus meinem Plan von gestern, die ich noch machen möchte:

1.

2.

Neues Tagesziel für heute:

TAGSÜBER:

Gedanken, die kommen und gehen: ...

TAG 173

ABENDS:

Wie war dein Tag?

- Das muss ich dir unbedingt erzählen: …
- Ich fühle mich: …
- Darüber habe ich mich heute gefreut: …
- Das hat mich zum Nachdenken gebracht: …
- Ich brauche: …

Heute ist *(Wochentag und Datum)*

MORGENS:

Wie war deine Nacht? *Traumlos* *Albtraummäßig* *Traumhaft*

Das möchte ich dazu festhalten: ...

Dinge aus meinem Plan von gestern, die ich noch machen möchte:

1.

2.

Neues Tagesziel für heute:

TAGSÜBER:

Gedanken, die kommen und gehen: ...

ABENDS:

TAG 174

Wie war dein Tag?

Auf einer Skala von 1 (schlecht) bis
10 (sehr gut), wo würdest du dich sehen?

1 2 3 4 5 6 7 8 9 10

- Heute war ich positiv überrascht von: ...
- Das hat mir ganz schön zugesetzt: ...
- Dafür bin ich ausgesprochen dankbar: ...

Heute ist *(Wochentag und Datum)*

MORGENS:

Wie war deine Nacht? *Traumlos* *Albtraummäßig* *Traumhaft*

Das möchte ich dazu festhalten: ...

Dinge aus meinem Plan von gestern, die ich noch machen möchte:

1.

2.

Neues Tagesziel für heute:

TAGSÜBER:

Gedanken, die kommen und gehen: ...

ABENDS:

TAG 175

Wie war dein Tag?

- Diese drei Schlagworte sagen zu heute alles:

Heute ist *(Wochentag und Datum)*

MORGENS:

Wie war deine Nacht? *Traumlos* *Albtraummäßig* *Traumhaft*

Das möchte ich dazu festhalten: ...

Dinge aus meinem Plan von gestern, die ich noch machen möchte:

1.

2.

Neues Tagesziel für heute:

TAGSÜBER:

Gedanken, die kommen und gehen: ...

ABENDS:

TAG 176

Wie war dein Tag?

- Das möchte ich verändern: ...
- Ich merke, dass ich schon ganz gut darin bin, ...
- Darauf bin ich stolz: ...

Heute ist *(Wochentag und Datum)*

MORGENS:

Wie war deine Nacht? *Traumlos* *Albtraummäßig* *Traumhaft*

Das möchte ich dazu festhalten: ...

Dinge aus meinem Plan von gestern, die ich noch machen möchte:

1.

2.

Neues Tagesziel für heute:

TAGSÜBER:

Gedanken, die kommen und gehen: ...

ABENDS:

TAG 177

Wie war dein Tag?

- Das habe ich heute erlebt: ...
- Ein Gedanke, der mir immer wieder kommt: ...
- Ich habe mir etwas vorgenommen, nämlich: ...
- Wen oder was kann ich derzeit einfach nicht ertragen?
- Wer oder was hilft mir gerade sehr?

Heute ist *(Wochentag und Datum)*

MORGENS:

Wie war deine Nacht? *Traumlos* *Albtraummäßig* *Traumhaft*

Das möchte ich dazu festhalten: ...

Dinge aus meinem Plan von gestern, die ich noch machen möchte:

1.

2.

Neues Tagesziel für heute:

TAGSÜBER:

Gedanken, die kommen und gehen: ...

ABENDS:

TAG 178

Wie war dein Tag?

Versuche heute einmal, einen fließenden Text in ganzen Sätzen zu formulieren. So, als würdest du ihn mir hinterher vorlesen...

Heute ist *(Wochentag und Datum)*

DER RESSOURCENRUCKSACK

Heute möchte ich mit dir einen besonderen Rucksack vollpacken. Vielleicht hast du in einem Bewerbungsgespräch schon einmal die Frage gestellt bekommen: „Was sind denn eigentlich Ihre Stärken?" Nun, diese abgedroschene Frage ist für dich im Prozess der Trauer eine hilfreiche Frage. Denn weißt du eigentlich, wie besonders du bist?

Ich meine das völlig ernst: jede/r von uns kann etwas besonders gut oder besser als andere oder du bist stolz auf etwas, was du bereits gemeistert hast? Denk in Ruhe darüber nach. Befülle dir deinen Rucksack mit Komplimenten. Ich fange mal an:

- Stolz (darauf, dass ich diesen Weg der Trauer gehe)
- Körperliche Kraft (weil ich momentan wieder ein wenig mehr und besser schlafen kann)
- Offenheit (in Bezug darauf, dass ich anderen zeige, wie es in mir aussieht)

Das sind nur Beispiele! Und denk immer daran: Es geht nicht um richtig oder falsch oder um eine Bewertung oder die Frage, wie andere das bei dir sehen würden, sondern es geht ganz allein um dich und deine eigenen Ressourcen, die du für dich identifizieren kannst.

Hast du ein paar Ressourcen gefunden?
Dann schau sie dir an. Schreib sie auf und pack sie in einen richtigen Rucksack, in deine Tasche oder schreib sie hier auf. Sie sind da! Sie lassen dich nicht im Stich! Du kannst auf sie zurückgreifen, wenn du sie brauchst. Und das ist einfach großartig!!!!

Wenn du Schwierigkeiten hast, dann besprich diese Übung doch einfach mit einem lieben Menschen, der dich gut kennt. Gemeinsam findet ihr bestimmt etwas, was dich ausmacht!

TAG 179

Heute ist *(Wochentag und Datum)*

MORGENS:

Wie war deine Nacht? *Traumlos* *Albtraummäßig* *Traumhaft*

Das möchte ich dazu festhalten: ...

Meine tollste Eigenschaft und Ressource ist:

Neues Tagesziel für heute:

TAGSÜBER:

Gedanken, die kommen und gehen: ...

ABENDS:

TAG 180

Wie war dein Tag?

- Diese drei Schlagworte sagen zu heute alles:

Heute ist *(Wochentag und Datum)*

MORGENS:

Wie war deine Nacht? *Traumlos* *Albtraummäßig* *Traumhaft*

Das möchte ich dazu festhalten: ...

Dinge aus meinem Plan von gestern, die ich noch machen möchte:

1.

2.

Neues Tagesziel für heute:

TAGSÜBER:

Gedanken, die kommen und gehen: ...

ABENDS:

TAG 181

Wie war dein Tag?

- Das möchte ich verändern: ...
- Ich merke, dass ich schon ganz gut darin bin, ...
- Darauf bin ich stolz: ...

Heute ist *(Wochentag und Datum)*

MORGENS:

Wie war deine Nacht? *Traumlos* *Albtraummäßig* *Traumhaft*

Das möchte ich dazu festhalten: ...

Dinge aus meinem Plan von gestern, die ich noch machen möchte:

1.

2.

Neues Tagesziel für heute:

TAGSÜBER:

Gedanken, die kommen und gehen: ...

ABENDS:

TAG 182

Wie war dein Tag?

- Das habe ich heute erlebt: ...
- Ein Gedanke, der mir immer wieder kommt: ...
- Ich habe mir etwas vorgenommen, nämlich: ...
- Wen oder was kann ich derzeit einfach nicht ertragen?
- Wer oder was hilft mir gerade sehr?

Heute ist *(Wochentag und Datum)*

MORGENS:

Wie war deine Nacht? *Traumlos* *Albtraummäßig* *Traumhaft*

Das möchte ich dazu festhalten: ...

Dinge aus meinem Plan von gestern, die ich noch machen möchte:

1.

2.

Neues Tagesziel für heute:

TAGSÜBER:

Gedanken, die kommen und gehen: ...

ABENDS:

TAG 183

Wie war dein Tag?

- Das muss ich dir unbedingt erzählen: ...
- Ich fühle mich: ...
- Darüber habe ich mich heute gefreut: ...
- Das hat mich zum Nachdenken gebracht: ...
- Ich brauche: ...

Heute ist *(Wochentag und Datum)*

MORGENS:

Wie war deine Nacht? *Traumlos* *Albtraummäßig* *Traumhaft*

Das möchte ich dazu festhalten: ...

Dinge aus meinem Plan von gestern, die ich noch machen möchte:

1.

2.

Neues Tagesziel für heute:

TAGSÜBER:

Gedanken, die kommen und gehen: ...

ABENDS:

TAG 184

Wie war dein Tag?

Auf einer Skala von 1 (schlecht) bis 10 (sehr gut), wo würdest du dich sehen?

1 2 3 4 5 6 7 8 9 10

- Heute war ich positiv überrascht von: ...
- Das hat mir ganz schön zugesetzt: ...
- Dafür bin ich ausgesprochen dankbar: ...

Heute ist *(Wochentag und Datum)*

MORGENS:

Wie war deine Nacht? *Traumlos* *Albtraummäßig* *Traumhaft*

Das möchte ich dazu festhalten: ...

Dinge aus meinem Plan von gestern, die ich noch machen möchte:

1.

2.

Neues Tagesziel für heute:

TAGSÜBER:

Gedanken, die kommen und gehen: ...

ABENDS:

TAG 185

Wie war dein Tag?

- Diese drei Schlagworte sagen zu heute alles:

Heute ist *(Wochentag und Datum)*

MORGENS:

Wie war deine Nacht? *Traumlos* *Albtraummäßig* *Traumhaft*

Das möchte ich dazu festhalten: ...

Dinge aus meinem Plan von gestern, die ich noch machen möchte:

1.

2.

Neues Tagesziel für heute:

TAGSÜBER:

Gedanken, die kommen und gehen: ...

ABENDS:

TAG 186

Wie war dein Tag?

- Das möchte ich verändern: ...
- Ich merke, dass ich schon ganz gut darin bin, ...
- Darauf bin ich stolz: ...

Heute ist *(Wochentag und Datum)*

MORGENS:

Wie war deine Nacht? *Traumlos* *Albtraummäßig* *Traumhaft*

Das möchte ich dazu festhalten: ...

Dinge aus meinem Plan von gestern, die ich noch machen möchte:

1.

2.

Neues Tagesziel für heute:

TAGSÜBER:

Gedanken, die kommen und gehen: ...

ABENDS:

TAG 187

Wie war dein Tag?

- Das habe ich heute erlebt: ...
- Ein Gedanke, der mir immer wieder kommt: ...
- Ich habe mir etwas vorgenommen, nämlich: ...
- Wen oder was kann ich derzeit einfach nicht ertragen?
- Wer oder was hilft mir gerade sehr?

Heute ist *(Wochentag und Datum)*

MORGENS:

Wie war deine Nacht? *Traumlos* *Albtraummäßig* *Traumhaft*

Das möchte ich dazu festhalten: ...

Dinge aus meinem Plan von gestern, die ich noch machen möchte:

1.

2.

Neues Tagesziel für heute:

TAGSÜBER:

Gedanken, die kommen und gehen: ...

ABENDS:

TAG 188

Wie war dein Tag?

- Das muss ich dir unbedingt erzählen: ...
- Ich fühle mich: ...
- Darüber habe ich mich heute gefreut: ...
- Das hat mich zum Nachdenken gebracht: ...
- Ich brauche: ...

Heute ist *(Wochentag und Datum)*

MORGENS:

Wie war deine Nacht? *Traumlos* *Albtraummäßig* *Traumhaft*

Das möchte ich dazu festhalten: ...

Dinge aus meinem Plan von gestern, die ich noch machen möchte:

1.

2.

Neues Tagesziel für heute:

TAGSÜBER:

Gedanken, die kommen und gehen: ...

ABENDS:

TAG 189

Wie war dein Tag?

Auf einer Skala von 1 (schlecht) bis 10 (sehr gut), wo würdest du dich sehen?

1 2 3 4 5 6 7 8 9 10

- Heute war ich positiv überrascht von: ...
- Das hat mir ganz schön zugesetzt: ...
- Dafür bin ich ausgesprochen dankbar: ...

Heute ist *(Wochentag und Datum)*

MORGENS:

Wie war deine Nacht? *Traumlos* *Albtraummäßig* *Traumhaft*

Das möchte ich dazu festhalten: ...

Dinge aus meinem Plan von gestern, die ich noch machen möchte:

1.

2.

Neues Tagesziel für heute:

TAGSÜBER:

Gedanken, die kommen und gehen: ...

ABENDS:

TAG 190

Wie war dein Tag?

- Diese drei Schlagworte sagen zu heute alles:

Heute ist *(Wochentag und Datum)*

MORGENS:

Wie war deine Nacht? *Traumlos* *Albtraummäßig* *Traumhaft*

Das möchte ich dazu festhalten: ...

Dinge aus meinem Plan von gestern, die ich noch machen möchte:

1.

2.

Neues Tagesziel für heute:

TAGSÜBER:

Gedanken, die kommen und gehen: ...

ABENDS:

TAG 191

Wie war dein Tag?

- Das möchte ich verändern: ...
- Ich merke, dass ich schon ganz gut darin bin, ...
- Darauf bin ich stolz: ...

Heute ist *(Wochentag und Datum)*

MORGENS:

Wie war deine Nacht? *Traumlos* *Albtraummäßig* *Traumhaft*

Das möchte ich dazu festhalten: ...

Dinge aus meinem Plan von gestern, die ich noch machen möchte:

1.

2.

Neues Tagesziel für heute:

TAGSÜBER:

Gedanken, die kommen und gehen: ...

TAG 192

ABENDS:

Wie war dein Tag?

- Das habe ich heute erlebt: ...
- Ein Gedanke, der mir immer wieder kommt: ...
- Ich habe mir etwas vorgenommen, nämlich: ...
- Wen oder was kann ich derzeit einfach nicht ertragen?
- Wer oder was hilft mir gerade sehr?

Heute ist *(Wochentag und Datum)*

MORGENS:

Wie war deine Nacht? *Traumlos* *Albtraummäßig* *Traumhaft*

Das möchte ich dazu festhalten: ...

Dinge aus meinem Plan von gestern, die ich noch machen möchte:

1.

2.

Neues Tagesziel für heute:

TAGSÜBER:

Gedanken, die kommen und gehen: ...

ABENDS:

TAG 193

Wie war dein Tag?

- Das muss ich dir unbedingt erzählen: ...
- Ich fühle mich: ...
- Darüber habe ich mich heute gefreut: ...
- Das hat mich zum Nachdenken gebracht: ...
- Ich brauche: ...

Heute ist *(Wochentag und Datum)*

MORGENS:

Wie war deine Nacht? *Traumlos* *Albtraummäßig* *Traumhaft*

Das möchte ich dazu festhalten: ...

Dinge aus meinem Plan von gestern, die ich noch machen möchte:

1.

2.

Neues Tagesziel für heute:

TAGSÜBER:

Gedanken, die kommen und gehen: ...

ABENDS:

TAG 194

Wie war dein Tag?

Auf einer Skala von 1 (schlecht) bis
10 (sehr gut), wo würdest du dich sehen?

1 2 3 4 5 6 7 8 9 10

- Heute war ich positiv überrascht von: ...
- Das hat mir ganz schön zugesetzt: ...
- Dafür bin ich ausgesprochen dankbar: ...

Heute ist *(Wochentag und Datum)*

BELOHNUNGSTAG

Hurra! Es ist wieder soweit. Nach so viel Anstrengungen ist es ja auch wirklich wichtig, sich mal etwas zu gönnen. Und das werde ich heute tun:

TAG 195

Heute ist *(Wochentag und Datum)*

MORGENS:

Wie war deine Nacht? *Traumlos* *Albtraummäßig* *Traumhaft*

Das möchte ich dazu festhalten: ...

Dinge aus meinem Plan von gestern, die ich noch machen möchte:

1.

2.

Neues Tagesziel für heute:

TAGSÜBER:

Gedanken, die kommen und gehen: ...

TAG 196

ABENDS:

Wie war dein Tag?

- Diese drei Schlagworte sagen zu heute alles:

Heute ist *(Wochentag und Datum)*

MORGENS:

Wie war deine Nacht? *Traumlos* *Albtraummäßig* *Traumhaft*

Das möchte ich dazu festhalten: ...

Dinge aus meinem Plan von gestern, die ich noch machen möchte:

1.

2.

Neues Tagesziel für heute:

TAGSÜBER:

Gedanken, die kommen und gehen: ...

ABENDS:

TAG 197

Wie war dein Tag?

- Das habe ich heute erlebt: ...
- Ein Gedanke, der mir immer wieder kommt: ...
- Ich habe mir etwas vorgenommen, nämlich: ...
- Wen oder was kann ich derzeit einfach nicht ertragen?
- Wer oder was hilft mir gerade sehr?

Heute ist *(Wochentag und Datum)*

MORGENS:

Wie war deine Nacht? *Traumlos* *Albtraummäßig* *Traumhaft*

Das möchte ich dazu festhalten: ...

Dinge aus meinem Plan von gestern, die ich noch machen möchte:

1.

2.

Neues Tagesziel für heute:

TAGSÜBER:

Gedanken, die kommen und gehen: ...

ABENDS:

TAG 198

Wie war dein Tag?

- Das möchte ich verändern: ...
- Ich merke, dass ich schon ganz gut darin bin, ...
- Darauf bin ich stolz: ...

Heute ist *(Wochentag und Datum)*

MORGENS:

Wie war deine Nacht? *Traumlos* *Albtraummäßig* *Traumhaft*

Das möchte ich dazu festhalten: ...

Dinge aus meinem Plan von gestern, die ich noch machen möchte:

1.

2.

Neues Tagesziel für heute:

TAGSÜBER:

Gedanken, die kommen und gehen: ...

ABENDS:

TAG 199

Wie war dein Tag?

Auf einer Skala von 1 (schlecht) bis
10 (sehr gut), wo würdest du dich sehen?

1 2 3 4 5 6 7 8 9 10

- Heute war ich positiv überrascht von: ...
- Das hat mir ganz schön zugesetzt: ...
- Dafür bin ich ausgesprochen dankbar: ...

Heute ist *(Wochentag und Datum)*

MORGENS:

Wie war deine Nacht? *Traumlos* *Albtraummäßig* *Traumhaft*

Das möchte ich dazu festhalten: ...

Dinge aus meinem Plan von gestern, die ich noch machen möchte:

1.

2.

Neues Tagesziel für heute:

TAGSÜBER:

Gedanken, die kommen und gehen: ...

ABENDS:

TAG 200

Wie war dein Tag?

- Das muss ich dir unbedingt erzählen: ...
- Ich fühle mich: ...
- Darüber habe ich mich heute gefreut: ...
- Das hat mich zum Nachdenken gebracht: ...
- Ich brauche: ...

Heute ist *(Wochentag und Datum)*

MORGENS:

Wie war deine Nacht? *Traumlos* *Albtraummäßig* *Traumhaft*

Das möchte ich dazu festhalten: ...

Dinge aus meinem Plan von gestern, die ich noch machen möchte:

1.

2.

Neues Tagesziel für heute:

TAGSÜBER:

Gedanken, die kommen und gehen: ...

ABENDS:

TAG 201

Wie war dein Tag?

- Diese drei Schlagworte sagen zu heute alles:

Heute ist *(Wochentag und Datum)*

MORGENS:

Wie war deine Nacht? *Traumlos* *Albtraummäßig* *Traumhaft*

Das möchte ich dazu festhalten: ...

Dinge aus meinem Plan von gestern, die ich noch machen möchte:

1.

2.

Neues Tagesziel für heute:

TAGSÜBER:

Gedanken, die kommen und gehen: ...

ABENDS:

TAG 202

Wie war dein Tag?

- Das habe ich heute erlebt: ...
- Ein Gedanke, der mir immer wieder kommt: ...
- Ich habe mir etwas vorgenommen, nämlich: ...
- Wen oder was kann ich derzeit einfach nicht ertragen?
- Wer oder was hilft mir gerade sehr?

Heute ist *(Wochentag und Datum)*

MORGENS:

Wie war deine Nacht? *Traumlos* *Albtraummäßig* *Traumhaft*

Das möchte ich dazu festhalten: ...

Dinge aus meinem Plan von gestern, die ich noch machen möchte:

1.

2.

Neues Tagesziel für heute:

TAGSÜBER:

Gedanken, die kommen und gehen: ...

TAG 203

ABENDS:

Wie war dein Tag?

- Das möchte ich verändern: ...
- Ich merke, dass ich schon ganz gut darin bin, ...
- Darauf bin ich stolz: ...

Heute ist *(Wochentag und Datum)*

MORGENS:

Wie war deine Nacht? *Traumlos* *Albtraummäßig* *Traumhaft*

Das möchte ich dazu festhalten: ...

Dinge aus meinem Plan von gestern, die ich noch machen möchte:

1.

2.

Neues Tagesziel für heute:

TAGSÜBER:

Gedanken, die kommen und gehen: ...

TAG 204

ABENDS:

Wie war dein Tag?

Auf einer Skala von 1 (schlecht) bis 10 (sehr gut), wo würdest du dich sehen?

1 2 3 4 5 6 7 8 9 10

- Heute war ich positiv überrascht von: ...
- Das hat mir ganz schön zugesetzt: ...
- Dafür bin ich ausgesprochen dankbar: ...

Heute ist *(Wochentag und Datum)*

MORGENS:

Wie war deine Nacht? *Traumlos* *Albtraummäßig* *Traumhaft*

Das möchte ich dazu festhalten: ...

Dinge aus meinem Plan von gestern, die ich noch machen möchte:

1.

2.

Neues Tagesziel für heute:

TAGSÜBER:

Gedanken, die kommen und gehen: ...

ABENDS:

TAG 205

Wie war dein Tag?

- Das habe ich heute erlebt: ...
- Ein Gedanke, der mir immer wieder kommt: ...
- Ich habe mir etwas vorgenommen, nämlich: ...
- Wen oder was kann ich derzeit einfach nicht ertragen?
- Wer oder was hilft mir gerade sehr?

Heute ist *(Wochentag und Datum)*

MORGENS:

Wie war deine Nacht? *Traumlos* *Albtraummäßig* *Traumhaft*

Das möchte ich dazu festhalten: ...

Dinge aus meinem Plan von gestern, die ich noch machen möchte:

1.

2.

Neues Tagesziel für heute:

TAGSÜBER:

Gedanken, die kommen und gehen: ...

ABENDS:

Wie war dein Tag?

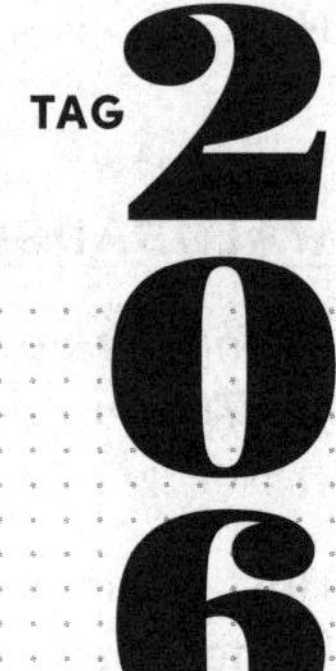

- Diese drei Schlagworte sagen zu heute alles:

Heute ist *(Wochentag und Datum)* . . . .

WALDBADEN – DIE KRAFT VON RITUALEN

„Wenn die Seele krank ist, dann verbirg dich wie ein verwundetes Tier in den Wäldern: sie werden dich heilen." (SIEGFRIED VON VEGESACK)

Hast du es bemerkt? Die Natur hat sich verändert. Wir betreten heute einen Wald, der die Farbe gewechselt oder keine Blätter mehr hat. So wie die Natur sich aufgrund der Jahreszeiten verändert, so ist auch unser Leben Veränderung. Ein stetiger Wandel, dem wir unterworfen sind.

Nimm dir heute einen schönen Stein mit in den Wald oder finde einen auf deinem Spaziergang durch die Natur. Wenn du einen schönen Platz gefunden hast, dann setzt du dich mit dem Stein in deiner Hand auf den Waldboden, auf einen Stamm oder eine Bank. Der Stein liegt fest in deiner Hand und an ihn übergibst du nun alles Alte, das nicht mehr ist, und all deine Gefühle, die du nicht mehr haben möchtest. Sprich es ruhig laut aus. Es hört dich niemand sonst. Die Kraft der Worte tun gut, um dieses Ritual zu vollziehen.

Wenn du fertig bist, suchst du dir einen passenden Ort im Wald für deinen Stein. Es sollte etwas versteckt sein, aber so, dass du den Stein jederzeit wiederfinden kannst. Denn fortan kannst du ihn besuchen und alles, was du loslassen möchtest, an ihn abgeben!

TAG 207

Heute ist *(Wochentag und Datum)*

MORGENS:

Wie war deine Nacht? *Traumlos* *Albtraummäßig* *Traumhaft*

Das möchte ich dazu festhalten: ...

An dieser Stelle im Wald liegt mein Stein nun sicher und doch verborgen:

Neues Tagesziel für heute:

TAGSÜBER:

Gedanken, die kommen und gehen: ...

ABENDS:

TAG 208

Wie war dein Tag?

- Das habe ich heute erlebt: ...
- Ein Gedanke, der mir immer wieder kommt: ...
- Ich habe mir etwas vorgenommen, nämlich: ...
- Wen oder was kann ich derzeit einfach nicht ertragen?
- Wer oder was hilft mir gerade sehr?

Heute ist *(Wochentag und Datum)*

MORGENS:

Wie war deine Nacht? *Traumlos* *Albtraummäßig* *Traumhaft*

Das möchte ich dazu festhalten: ...

Dinge aus meinem Plan von gestern, die ich noch machen möchte:

1.

2.

Neues Tagesziel für heute:

TAGSÜBER:

Gedanken, die kommen und gehen: ...

TAG 209

ABENDS:

Wie war dein Tag?

Auf einer Skala von 1 (schlecht) bis
10 (sehr gut), wo würdest du dich sehen?

1 2 3 4 5 6 7 8 9 10

- Heute war ich positiv überrascht von: ...
- Das hat mir ganz schön zugesetzt: ...
- Dafür bin ich ausgesprochen dankbar: ...

Heute ist *(Wochentag und Datum)*

MORGENS:

Wie war deine Nacht? *Traumlos* *Albtraummäßig* *Traumhaft*

Das möchte ich dazu festhalten: ...

Dinge aus meinem Plan von gestern, die ich noch machen möchte:

1.

2.

Neues Tagesziel für heute:

TAGSÜBER:

Gedanken, die kommen und gehen: ...

ABENDS:

TAG 210

Wie war dein Tag?

- Das möchte ich verändern: …
- Ich merke, dass ich schon ganz gut darin bin, …
- Darauf bin ich stolz: …

Heute ist *(Wochentag und Datum)*

MORGENS:

Wie war deine Nacht? *Traumlos* *Albtraummäßig* *Traumhaft*

Das möchte ich dazu festhalten: ...

Dinge aus meinem Plan von gestern, die ich noch machen möchte:

1.

2.

Neues Tagesziel für heute:

TAGSÜBER:

Gedanken, die kommen und gehen: ...

ABENDS:

TAG 211

Wie war dein Tag?

- Diese drei Schlagworte sagen zu heute alles:

Heute ist *(Wochentag und Datum)*

MORGENS:

Wie war deine Nacht? *Traumlos* *Albtraummäßig* *Traumhaft*

Das möchte ich dazu festhalten: ...

Dinge aus meinem Plan von gestern, die ich noch machen möchte:

1.

2.

Neues Tagesziel für heute:

TAGSÜBER:

Gedanken, die kommen und gehen: ...

ABENDS:

TAG 212

Wie war dein Tag?

- Das muss ich dir unbedingt erzählen: ...
- Ich fühle mich: ...
- Darüber habe ich mich heute gefreut: ...
- Das hat mich zum Nachdenken gebracht: ...
- Ich brauche: ...

Heute ist *(Wochentag und Datum)*

MORGENS:

Wie war deine Nacht? *Traumlos* *Albtraummäßig* *Traumhaft*

Das möchte ich dazu festhalten: ...

Dinge aus meinem Plan von gestern, die ich noch machen möchte:

1.

2.

Neues Tagesziel für heute:

TAGSÜBER:

Gedanken, die kommen und gehen: ...

TAG 213

ABENDS:

Wie war dein Tag?

- Das habe ich heute erlebt: ...
- Ein Gedanke, der mir immer wieder kommt: ...
- Ich habe mir etwas vorgenommen, nämlich: ...
- Wen oder was kann ich derzeit einfach nicht ertragen?
- Wer oder was hilft mir gerade sehr?

Heute ist *(Wochentag und Datum)*

MORGENS:

Wie war deine Nacht? *Traumlos* *Albtraummäßig* *Traumhaft*

Das möchte ich dazu festhalten: ...

Dinge aus meinem Plan von gestern, die ich noch machen möchte:

1.

2.

Neues Tagesziel für heute:

TAGSÜBER:

Gedanken, die kommen und gehen: ...

ABENDS:

TAG 214

Wie war dein Tag?

Auf einer Skala von 1 (schlecht) bis 10 (sehr gut), wo würdest du dich sehen?

1 2 3 4 5 6 7 8 9 10

- Heute war ich positiv überrascht von: ...
- Das hat mir ganz schön zugesetzt: ...
- Dafür bin ich ausgesprochen dankbar: ...

Heute ist *(Wochentag und Datum)*

MORGENS:

Wie war deine Nacht? *Traumlos* *Albtraummäßig* *Traumhaft*

Das möchte ich dazu festhalten: ...

Dinge aus meinem Plan von gestern, die ich noch machen möchte:

1.

2.

Neues Tagesziel für heute:

TAGSÜBER:

Gedanken, die kommen und gehen: ...

ABENDS:

TAG 215

Wie war dein Tag?

- Das möchte ich verändern: ...
- Ich merke, dass ich schon ganz gut darin bin, ...
- Darauf bin ich stolz: ...

Heute ist *(Wochentag und Datum)*

MORGENS:

Wie war deine Nacht? *Traumlos* *Albtraummäßig* *Traumhaft*

Das möchte ich dazu festhalten: ...

Dinge aus meinem Plan von gestern, die ich noch machen möchte:

1.

2.

Neues Tagesziel für heute:

TAGSÜBER:

Gedanken, die kommen und gehen: ...

ABENDS:

TAG 216

Wie war dein Tag?

- Diese drei Schlagworte sagen zu heute alles:

Heute ist *(Wochentag und Datum)*

MORGENS:

Wie war deine Nacht? *Traumlos* *Albtraummäßig* *Traumhaft*

Das möchte ich dazu festhalten: ...

Dinge aus meinem Plan von gestern, die ich noch machen möchte:

1.

2.

Neues Tagesziel für heute:

TAGSÜBER:

Gedanken, die kommen und gehen: ...

ABENDS:

TAG 217

Wie war dein Tag?

- Das muss ich dir unbedingt erzählen: ...
- Ich fühle mich: ...
- Darüber habe ich mich heute gefreut: ...
- Das hat mich zum Nachdenken gebracht: ...
- Ich brauche: ...

Heute ist *(Wochentag und Datum)*

MORGENS:

Wie war deine Nacht? *Traumlos* *Albtraummäßig* *Traumhaft*

Das möchte ich dazu festhalten: ...

Dinge aus meinem Plan von gestern, die ich noch machen möchte:

1.

2.

Neues Tagesziel für heute:

TAGSÜBER:

Gedanken, die kommen und gehen: ...

ABENDS:

TAG 218

Wie war dein Tag?

- Das habe ich heute erlebt: ...
- Ein Gedanke, der mir immer wieder kommt: ...
- Ich habe mir etwas vorgenommen, nämlich: ...
- Wen oder was kann ich derzeit einfach nicht ertragen?
- Wer oder was hilft mir gerade sehr?

Heute ist *(Wochentag und Datum)*

MORGENS:

Wie war deine Nacht? *Traumlos* *Albtraummäßig* *Traumhaft*

Das möchte ich dazu festhalten: ...

Dinge aus meinem Plan von gestern, die ich noch machen möchte:

1.

2.

Neues Tagesziel für heute:

TAGSÜBER:

Gedanken, die kommen und gehen: ...

ABENDS:

TAG 219

Wie war dein Tag?

Auf einer Skala von 1 (schlecht) bis
10 (sehr gut), wo würdest du dich sehen?

1 2 3 4 5 6 7 8 9 10

- Heute war ich positiv überrascht von: ...
- Das hat mir ganz schön zugesetzt: ...
- Dafür bin ich ausgesprochen dankbar: ...

Heute ist *(Wochentag und Datum)*

MORGENS:

Wie war deine Nacht? *Traumlos* *Albtraummäßig* *Traumhaft*

Das möchte ich dazu festhalten: ...

Dinge aus meinem Plan von gestern, die ich noch machen möchte:

1.

2.

Neues Tagesziel für heute:

TAGSÜBER:

Gedanken, die kommen und gehen: ...

TAG 220

ABENDS:

Wie war dein Tag?

- Das möchte ich verändern: …
- Ich merke, dass ich schon ganz gut darin bin, …
- Darauf bin ich stolz: …

Heute ist *(Wochentag und Datum)*

MORGENS:

Wie war deine Nacht? *Traumlos* *Albtraummäßig* *Traumhaft*

Das möchte ich dazu festhalten: ...

Dinge aus meinem Plan von gestern, die ich noch machen möchte:

1.

2.

Neues Tagesziel für heute:

TAGSÜBER:

Gedanken, die kommen und gehen: ...

TAG 221

ABENDS:

Wie war dein Tag?

- Diese drei Schlagworte sagen zu heute alles:

Heute ist *(Wochentag und Datum)*

MORGENS:

Wie war deine Nacht? *Traumlos* *Albtraummäßig* *Traumhaft*

Das möchte ich dazu festhalten: ...

Dinge aus meinem Plan von gestern, die ich noch machen möchte:

1.

2.

Neues Tagesziel für heute:

TAGSÜBER:

Gedanken, die kommen und gehen: ...

ABENDS:

TAG 222

Wie war dein Tag?

- Das muss ich dir unbedingt erzählen: ...
- Ich fühle mich: ...
- Darüber habe ich mich heute gefreut: ...
- Das hat mich zum Nachdenken gebracht: ...
- Ich brauche: ...

Heute ist *(Wochentag und Datum)*

MORGENS:

Wie war deine Nacht? *Traumlos* *Albtraummäßig* *Traumhaft*

Das möchte ich dazu festhalten: ...

Dinge aus meinem Plan von gestern, die ich noch machen möchte:

1.

2.

Neues Tagesziel für heute:

TAGSÜBER:

Gedanken, die kommen und gehen: ...

TAG 223

ABENDS:

Wie war dein Tag?

- Das habe ich heute erlebt: ...
- Ein Gedanke, der mir immer wieder kommt: ...
- Ich habe mir etwas vorgenommen, nämlich: ...
- Wen oder was kann ich derzeit einfach nicht ertragen?
- Wer oder was hilft mir gerade sehr?

Heute ist *(Wochentag und Datum)*

MORGENS:

Wie war deine Nacht? *Traumlos* *Albtraummäßig* *Traumhaft*

Das möchte ich dazu festhalten: ...

Dinge aus meinem Plan von gestern, die ich noch machen möchte:

1.

2.

Neues Tagesziel für heute:

TAGSÜBER:

Gedanken, die kommen und gehen: ...

ABENDS:

TAG 224

Wie war dein Tag?

Auf einer Skala von 1 (schlecht) bis 10 (sehr gut), wo würdest du dich sehen?

1 2 3 4 5 6 7 8 9 10

- Heute war ich positiv überrascht von: ...
- Das hat mir ganz schön zugesetzt: ...
- Dafür bin ich ausgesprochen dankbar: ...

Heute ist *(Wochentag und Datum)*

MORGENS:

Wie war deine Nacht? *Traumlos* *Albtraummäßig* *Traumhaft*

Das möchte ich dazu festhalten: ...

Dinge aus meinem Plan von gestern, die ich noch machen möchte:

1.

2.

Neues Tagesziel für heute:

TAGSÜBER:

Gedanken, die kommen und gehen: ...

TAG 225

ABENDS:

Wie war dein Tag?

- Das möchte ich verändern: ...
- Ich merke, dass ich schon ganz gut darin bin, ...
- Darauf bin ich stolz: ...

Heute ist *(Wochentag und Datum)*

MORGENS:

Wie war deine Nacht? *Traumlos* *Albtraummäßig* *Traumhaft*

Das möchte ich dazu festhalten: ...

Dinge aus meinem Plan von gestern, die ich noch machen möchte:

1.

2.

Neues Tagesziel für heute:

TAGSÜBER:

Gedanken, die kommen und gehen: ...

TAG 226

ABENDS:

Wie war dein Tag?

- Diese drei Schlagworte sagen zu heute alles:

Heute ist *(Wochentag und Datum)*

BELOHNUNGSTAG

Lass dich verwöhnen, belohne dich und freue dich: Deine Achterbahnfahrt ist in vollem Gang und du hast schon ganz schön viel geschafft!

TAG 227

Heute ist *(Wochentag und Datum)*

MORGENS:

Wie war deine Nacht? *Traumlos* *Albtraummäßig* *Traumhaft*

Das möchte ich dazu festhalten: ...

Das hier möchte ich auf gar keinen Fall aus meiner Achterbahnfahrt vergessen, weil es mich stark gemacht hat:

Neues Tagesziel für heute:

TAGSÜBER:

Gedanken, die kommen und gehen: ...

TAG 228

ABENDS:

Wie war dein Tag?

- Das habe ich heute erlebt: ...
- Ein Gedanke, der mir immer wieder kommt: ...
- Ich habe mir etwas vorgenommen, nämlich: ...
- Wen oder was kann ich derzeit einfach nicht ertragen?
- Wer oder was hilft mir gerade sehr?

Heute ist *(Wochentag und Datum)*

MORGENS:

Wie war deine Nacht? *Traumlos* *Albtraummäßig* *Traumhaft*

Das möchte ich dazu festhalten: ...

Dinge aus meinem Plan von gestern, die ich noch machen möchte:

1.

2.

Neues Tagesziel für heute:

TAGSÜBER:

Gedanken, die kommen und gehen: ...

TAG 229

ABENDS:

Wie war dein Tag?

Auf einer Skala von 1 (schlecht) bis 10 (sehr gut), wo würdest du dich sehen?

1 2 3 4 5 6 7 8 9 10

- Heute war ich positiv überrascht von: ...
- Das hat mir ganz schön zugesetzt: ...
- Dafür bin ich ausgesprochen dankbar: ...

Heute ist *(Wochentag und Datum)*

MORGENS:

Wie war deine Nacht? *Traumlos* *Albtraummäßig* *Traumhaft*

Das möchte ich dazu festhalten: ...

Dinge aus meinem Plan von gestern, die ich noch machen möchte:

1.

2.

Neues Tagesziel für heute:

TAGSÜBER:

Gedanken, die kommen und gehen: ...

TAG 230

ABENDS:

Wie war dein Tag?

- Das möchte ich verändern: ...
- Ich merke, dass ich schon ganz gut darin bin, ...
- Darauf bin ich stolz: ...

Heute ist *(Wochentag und Datum)*

MORGENS:

Wie war deine Nacht? *Traumlos* *Albtraummäßig* *Traumhaft*

Das möchte ich dazu festhalten: ...

Dinge aus meinem Plan von gestern, die ich noch machen möchte:

1.

2.

Neues Tagesziel für heute:

TAGSÜBER:

Gedanken, die kommen und gehen: ...

ABENDS:

TAG 231

Wie war dein Tag?

- Diese drei Schlagworte sagen zu heute alles:

Heute ist *(Wochentag und Datum)*

MORGENS:

Wie war deine Nacht? *Traumlos* *Albtraummäßig* *Traumhaft*

Das möchte ich dazu festhalten: ...

Dinge aus meinem Plan von gestern, die ich noch machen möchte:

1.

2.

Neues Tagesziel für heute:

TAGSÜBER:

Gedanken, die kommen und gehen: ...

ABENDS:

TAG 232

Wie war dein Tag?

- Das muss ich dir unbedingt erzählen: ...
- Ich fühle mich: ...
- Darüber habe ich mich heute gefreut: ...
- Das hat mich zum Nachdenken gebracht: ...
- Ich brauche: ...

Heute ist *(Wochentag und Datum)*

MORGENS:

Wie war deine Nacht? *Traumlos* *Albtraummäßig* *Traumhaft*

Das möchte ich dazu festhalten: ...

Dinge aus meinem Plan von gestern, die ich noch machen möchte:

1.

2.

Neues Tagesziel für heute:

TAGSÜBER:

Gedanken, die kommen und gehen: ...

TAG 233

ABENDS:

Wie war dein Tag?

- Das habe ich heute erlebt: ...
- Ein Gedanke, der mir immer wieder kommt: ...
- Ich habe mir etwas vorgenommen, nämlich: ...
- Wen oder was kann ich derzeit einfach nicht ertragen?
- Wer oder was hilft mir gerade sehr?

Heute ist *(Wochentag und Datum)*

MORGENS:

Wie war deine Nacht? *Traumlos* *Albtraummäßig* *Traumhaft*

Das möchte ich dazu festhalten: ...

Dinge aus meinem Plan von gestern, die ich noch machen möchte:

1.

2.

Neues Tagesziel für heute:

TAGSÜBER:

Gedanken, die kommen und gehen: ...

TAG 2
3
4

ABENDS:

Wie war dein Tag?

Auf einer Skala von 1 (schlecht) bis 10 (sehr gut), wo würdest du dich sehen?

1 2 3 4 5 6 7 8 9 10

- Heute war ich positiv überrascht von: ...
- Das hat mir ganz schön zugesetzt: ...
- Dafür bin ich ausgesprochen dankbar: ...

Heute ist *(Wochentag und Datum)*

MORGENS:

Wie war deine Nacht? *Traumlos* *Albtraummäßig* *Traumhaft*

Das möchte ich dazu festhalten: ...

Dinge aus meinem Plan von gestern, die ich noch machen möchte:

1.

2.

Neues Tagesziel für heute:

TAGSÜBER:

Gedanken, die kommen und gehen: ...

TAG 235

ABENDS:

Wie war dein Tag?

- Das möchte ich verändern: ...
- Ich merke, dass ich schon ganz gut darin bin, ...
- Darauf bin ich stolz: ...

Heute ist *(Wochentag und Datum)*

MORGENS:

Wie war deine Nacht? *Traumlos* *Albtraummäßig* *Traumhaft*

Das möchte ich dazu festhalten: ...

Dinge aus meinem Plan von gestern, die ich noch machen möchte:

1.

2.

Neues Tagesziel für heute:

TAGSÜBER:

Gedanken, die kommen und gehen: ...

TAG 236

ABENDS:

Wie war dein Tag?

- Diese drei Schlagworte sagen zu heute alles:

Heute ist *(Wochentag und Datum)*

MORGENS:

Wie war deine Nacht? *Traumlos* *Albtraummäßig* *Traumhaft*

Das möchte ich dazu festhalten: ...

Dinge aus meinem Plan von gestern, die ich noch machen möchte:

1.

2.

Neues Tagesziel für heute:

TAGSÜBER:

Gedanken, die kommen und gehen: ...

ABENDS:

TAG 237

Wie war dein Tag?

- Das muss ich dir unbedingt erzählen: ...
- Ich fühle mich: ...
- Darüber habe ich mich heute gefreut: ...
- Das hat mich zum Nachdenken gebracht: ...
- Ich brauche: ...

Heute ist *(Wochentag und Datum)*

MORGENS:

Wie war deine Nacht? *Traumlos* *Albtraummäßig* *Traumhaft*

Das möchte ich dazu festhalten: ...

Dinge aus meinem Plan von gestern, die ich noch machen möchte:

1.

2.

Neues Tagesziel für heute:

TAGSÜBER:

Gedanken, die kommen und gehen: ...

ABENDS:

TAG 238

Wie war dein Tag?

- Das habe ich heute erlebt: ...
- Ein Gedanke, der mir immer wieder kommt: ...
- Ich habe mir etwas vorgenommen, nämlich: ...
- Wen oder was kann ich derzeit einfach nicht ertragen?
- Wer oder was hilft mir gerade sehr?

Heute ist *(Wochentag und Datum)*

MORGENS:

Wie war deine Nacht? *Traumlos* *Albtraummäßig* *Traumhaft*

Das möchte ich dazu festhalten: ...

Dinge aus meinem Plan von gestern, die ich noch machen möchte:

1.

2.

Neues Tagesziel für heute:

TAGSÜBER:

Gedanken, die kommen und gehen: ...

ABENDS:

TAG 239

Wie war dein Tag?

Auf einer Skala von 1 (schlecht) bis 10 (sehr gut), wo würdest du dich sehen?

1 2 3 4 5 6 7 8 9 10

- Heute war ich positiv überrascht von: ...
- Das hat mir ganz schön zugesetzt: ...
- Dafür bin ich ausgesprochen dankbar: ...

Heute ist *(Wochentag und Datum)*

MORGENS:

Wie war deine Nacht? *Traumlos* *Albtraummäßig* *Traumhaft*

Das möchte ich dazu festhalten: …

Dinge aus meinem Plan von gestern, die ich noch machen möchte:

1.

2.

Neues Tagesziel für heute:

TAGSÜBER:

Gedanken, die kommen und gehen: …

TAG 240

ABENDS:

Wie war dein Tag?

- Das möchte ich verändern: ...
- Ich merke, dass ich schon ganz gut darin bin, ...
- Darauf bin ich stolz: ...

Heute ist *(Wochentag und Datum)*

MORGENS:

Wie war deine Nacht? *Traumlos* *Albtraummäßig* *Traumhaft*

Das möchte ich dazu festhalten: ...

Dinge aus meinem Plan von gestern, die ich noch machen möchte:

1.

2.

Neues Tagesziel für heute:

TAGSÜBER:

Gedanken, die kommen und gehen: ...

ABENDS:

TAG 241

Wie war dein Tag?

- Diese drei Schlagworte sagen zu heute alles:

ABENDS:

Wie war dein Tag?

- Diese drei Schlagworte sagen zu heute alles:

Heute ist *(Wochentag und Datum)*

MORGENS:

Wie war deine Nacht? *Traumlos* *Albtraummäßig* *Traumhaft*

Das möchte ich dazu festhalten: ...

Dinge aus meinem Plan von gestern, die ich noch machen möchte:

1.

2.

Neues Tagesziel für heute:

TAGSÜBER:

Gedanken, die kommen und gehen: ...

ABENDS:

TAG 242

Wie war dein Tag?

- Das muss ich dir unbedingt erzählen: ...
- Ich fühle mich: ...
- Darüber habe ich mich heute gefreut: ...
- Das hat mich zum Nachdenken gebracht: ...
- Ich brauche: ...

Heute ist *(Wochentag und Datum)*

MORGENS:

Wie war deine Nacht? *Traumlos* *Albtraummäßig* *Traumhaft*

Das möchte ich dazu festhalten: ...

Dinge aus meinem Plan von gestern, die ich noch machen möchte:

1.

2.

Neues Tagesziel für heute:

TAGSÜBER:

Gedanken, die kommen und gehen: ...

ABENDS:

TAG 243

Wie war dein Tag?

- Diese drei Schlagworte sagen zu heute alles:

Heute ist *(Wochentag und Datum)*

MORGENS:

Wie war deine Nacht? *Traumlos* *Albtraummäßig* *Traumhaft*

Das möchte ich dazu festhalten: ...

Dinge aus meinem Plan von gestern, die ich noch machen möchte:

1.

2.

Neues Tagesziel für heute:

TAGSÜBER:

Gedanken, die kommen und gehen: ...

ABENDS:

TAG 244

Wie war dein Tag?

- Das habe ich heute erlebt: ...
- Ein Gedanke, der mir immer wieder kommt: ...
- Ich habe mir etwas vorgenommen, nämlich: ...
- Wen oder was kann ich derzeit einfach nicht ertragen?
- Wer oder was hilft mir gerade sehr?

Heute ist *(Wochentag und Datum)*

MORGENS:

Wie war deine Nacht? *Traumlos* *Albtraummäßig* *Traumhaft*

Das möchte ich dazu festhalten: ...

Dinge aus meinem Plan von gestern, die ich noch machen möchte:

1.

2.

Neues Tagesziel für heute:

TAGSÜBER:

Gedanken, die kommen und gehen: ...

ABENDS:

TAG 245

Wie war dein Tag?

Auf einer Skala von 1 (schlecht) bis 10 (sehr gut), wo würdest du dich sehen?

1 2 3 4 5 6 7 8 9 10

- Heute war ich positiv überrascht von: ...
- Das hat mir ganz schön zugesetzt: ...
- Dafür bin ich ausgesprochen dankbar: ...

Heute ist *(Wochentag und Datum)*

MORGENS:

Wie war deine Nacht? *Traumlos* *Albtraummäßig* *Traumhaft*

Das möchte ich dazu festhalten: …

Dinge aus meinem Plan von gestern, die ich noch machen möchte:

1.

2.

Neues Tagesziel für heute:

TAGSÜBER:

Gedanken, die kommen und gehen: …

ABENDS:

TAG 246

Wie war dein Tag?

- Diese drei Schlagworte sagen zu heute alles:

Heute ist *(Wochentag und Datum)*

MORGENS:

Wie war deine Nacht? *Traumlos* *Albtraummäßig* *Traumhaft*

Das möchte ich dazu festhalten: ...

Dinge aus meinem Plan von gestern, die ich noch machen möchte:

1.

2.

Neues Tagesziel für heute:

TAGSÜBER:

Gedanken, die kommen und gehen: ...

ABENDS:

TAG 247

Wie war dein Tag?

- Das möchte ich verändern: ...
- Ich merke, dass ich schon ganz gut darin bin, ...
- Darauf bin ich stolz: ...

Heute ist *(Wochentag und Datum)*

MORGENS:

Wie war deine Nacht? *Traumlos* *Albtraummäßig* *Traumhaft*

Das möchte ich dazu festhalten: ...

Dinge aus meinem Plan von gestern, die ich noch machen möchte:

1.

2.

Neues Tagesziel für heute:

TAGSÜBER:

Gedanken, die kommen und gehen: ...

TAG 248

ABENDS:

Wie war dein Tag?

- Das muss ich dir unbedingt erzählen: …
- Ich fühle mich: …
- Darüber habe ich mich heute gefreut: …
- Das hat mich zum Nachdenken gebracht: …
- Ich brauche: …

Heute ist *(Wochentag und Datum)*

MORGENS:

Wie war deine Nacht? *Traumlos* *Albtraummäßig* *Traumhaft*

Das möchte ich dazu festhalten: ...

Dinge aus meinem Plan von gestern, die ich noch machen möchte:

1.

2.

Neues Tagesziel für heute:

TAGSÜBER:

Gedanken, die kommen und gehen: ...

ABENDS:

TAG 249

Wie war dein Tag?

- Das habe ich heute erlebt: ...
- Ein Gedanke, der mir immer wieder kommt: ...
- Ich habe mir etwas vorgenommen, nämlich: ...
- Wen oder was kann ich derzeit einfach nicht ertragen?
- Wer oder was hilft mir gerade sehr?

Heute ist *(Wochentag und Datum)*

MORGENS:

Wie war deine Nacht? *Traumlos* *Albtraummäßig* *Traumhaft*

Das möchte ich dazu festhalten: ...

Dinge aus meinem Plan von gestern, die ich noch machen möchte:

1.

2.

Neues Tagesziel für heute:

TAGSÜBER:

Gedanken, die kommen und gehen: ...

ABENDS:

TAG 250

Wie war dein Tag?

Auf einer Skala von 1 (schlecht) bis 10 (sehr gut), wo würdest du dich sehen?

1 2 3 4 5 6 7 8 9 10

- Heute war ich positiv überrascht von: ...
- Das hat mir ganz schön zugesetzt: ...
- Dafür bin ich ausgesprochen dankbar: ...

Heute ist *(Wochentag und Datum)*

MORGENS:

Wie war deine Nacht? *Traumlos* *Albtraummäßig* *Traumhaft*

Das möchte ich dazu festhalten: ...

Dinge aus meinem Plan von gestern, die ich noch machen möchte:

1.

2.

Neues Tagesziel für heute:

TAGSÜBER:

Gedanken, die kommen und gehen: ...

ABENDS:

TAG 251

Wie war dein Tag?

- Diese drei Schlagworte sagen zu heute alles:

Heute ist *(Wochentag und Datum)*

MORGENS:

Wie war deine Nacht? *Traumlos* *Albtraummäßig* *Traumhaft*

Das möchte ich dazu festhalten: ...

Dinge aus meinem Plan von gestern, die ich noch machen möchte:

1.

2.

Neues Tagesziel für heute:

TAGSÜBER:

Gedanken, die kommen und gehen: ...

ABENDS:

TAG 252

Wie war dein Tag?

- Das möchte ich verändern: ...
- Ich merke, dass ich schon ganz gut darin bin, ...
- Darauf bin ich stolz: ...

Heute ist *(Wochentag und Datum)*

MORGENS:

Wie war deine Nacht? *Traumlos* *Albtraummäßig* *Traumhaft*

Das möchte ich dazu festhalten: ...

Dinge aus meinem Plan von gestern, die ich noch machen möchte:

1.

2.

Neues Tagesziel für heute:

TAGSÜBER:

Gedanken, die kommen und gehen: ...

ABENDS:

TAG 253

Wie war dein Tag?

- Das muss ich dir unbedingt erzählen: ...
- Ich fühle mich: ...
- Darüber habe ich mich heute gefreut: ...
- Das hat mich zum Nachdenken gebracht: ...
- Ich brauche: ...

Heute ist *(Wochentag und Datum)*

MORGENS:

Wie war deine Nacht? *Traumlos* *Albtraummäßig* *Traumhaft*

Das möchte ich dazu festhalten: ...

Dinge aus meinem Plan von gestern, die ich noch machen möchte:

1.

2.

Neues Tagesziel für heute:

TAGSÜBER:

Gedanken, die kommen und gehen: ...

ABENDS:

TAG 254

Wie war dein Tag?

- Das habe ich heute erlebt: ...
- Ein Gedanke, der mir immer wieder kommt: ...
- Ich habe mir etwas vorgenommen, nämlich: ...
- Wen oder was kann ich derzeit einfach nicht ertragen?
- Wer oder was hilft mir gerade sehr?

Heute ist *(Wochentag und Datum)*

MORGENS:

Wie war deine Nacht? *Traumlos* *Albtraummäßig* *Traumhaft*

Das möchte ich dazu festhalten: ...

Dinge aus meinem Plan von gestern, die ich noch machen möchte:

1.

2.

Neues Tagesziel für heute:

TAGSÜBER:

Gedanken, die kommen und gehen: ...

TAG 255

ABENDS:

Wie war dein Tag?

Auf einer Skala von 1 (schlecht) bis 10 (sehr gut), wo würdest du dich sehen?

1 2 3 4 5 6 7 8 9 10

- Heute war ich positiv überrascht von: ...
- Das hat mir ganz schön zugesetzt: ...
- Dafür bin ich ausgesprochen dankbar: ...

Heute ist *(Wochentag und Datum)*

MORGENS:

Wie war deine Nacht? *Traumlos* *Albtraummäßig* *Traumhaft*

Das möchte ich dazu festhalten: ...

Dinge aus meinem Plan von gestern, die ich noch machen möchte:

1.

2.

Neues Tagesziel für heute:

TAGSÜBER:

Gedanken, die kommen und gehen: ...

ABENDS:

TAG 256

Wie war dein Tag?

- Diese drei Schlagworte sagen zu heute alles

Heute ist *(Wochentag und Datum)*

MORGENS:

Wie war deine Nacht? *Traumlos* *Albtraummäßig* *Traumhaft*

Das möchte ich dazu festhalten: ...

Dinge aus meinem Plan von gestern, die ich noch machen möchte:

1.

2.

Neues Tagesziel für heute:

TAGSÜBER:

Gedanken, die kommen und gehen: ...

ABENDS:

TAG 257

Wie war dein Tag?

- Das möchte ich verändern: ...
- Ich merke, dass ich schon ganz gut darin bin, ...
- Darauf bin ich stolz: ...

Heute ist *(Wochentag und Datum)*

MORGENS:

Wie war deine Nacht? *Traumlos* *Albtraummäßig* *Traumhaft*

Das möchte ich dazu festhalten: ...

Dinge aus meinem Plan von gestern, die ich noch machen möchte:

1.

2.

Neues Tagesziel für heute:

TAGSÜBER:

Gedanken, die kommen und gehen: ...

ABENDS:

TAG 258

Wie war dein Tag?

- Das muss ich dir unbedingt erzählen: ...
- Ich fühle mich: ...
- Darüber habe ich mich heute gefreut: ...
- Das hat mich zum Nachdenken gebracht: ...
- Ich brauche: ...

Heute ist *(Wochentag und Datum)*

MORGENS:

Wie war deine Nacht? *Traumlos* *Albtraummäßig* *Traumhaft*

Das möchte ich dazu festhalten: ...

Dinge aus meinem Plan von gestern, die ich noch machen möchte:

1.

2.

Neues Tagesziel für heute:

TAGSÜBER:

Gedanken, die kommen und gehen: ...

TAG 259

ABENDS:

Wie war dein Tag?

- Das habe ich heute erlebt: ...
- Ein Gedanke, der mir immer wieder kommt: ...
- Ich habe mir etwas vorgenommen, nämlich: ...
- Wen oder was kann ich derzeit einfach nicht ertragen?
- Wer oder was hilft mir gerade sehr?

Heute ist *(Wochentag und Datum)*

BELOHNUNGSTAG

Wieder ist viel Zeit vergangen und du stehst dir selbst am nächsten. Also mach etwas daraus und genieß den Tag heute mit all deinen Sinnen!

TAG 260

Heute ist *(Wochentag und Datum)*

MORGENS:

Wie war deine Nacht? *Traumlos* *Albtraummäßig* *Traumhaft*

Das möchte ich dazu festhalten: ...

Wenn ich einen kurzen Blick zurück auf die vergangenen 3 Monate werfe, dann hat sich folgendes verändert:

1.

2.

Neues Tagesziel für heute:

TAGSÜBER:

Gedanken, die kommen und gehen: ...

TAG 261

ABENDS:

Wie war dein Tag?

- Diese drei Schlagworte sagen zu heute alles:

Heute ist *(Wochentag und Datum)*

MORGENS:

Wie war deine Nacht? *Traumlos* *Albtraummäßig* *Traumhaft*

Das möchte ich dazu festhalten: ...

Dinge aus meinem Plan von gestern, die ich noch machen möchte:

1.

2.

Neues Tagesziel für heute:

TAGSÜBER:

Gedanken, die kommen und gehen: ...

TAG 262

ABENDS:

Wie war dein Tag?

Auf einer Skala von 1 (schlecht) bis 10 (sehr gut), wo würdest du dich sehen?

1 2 3 4 5 6 7 8 9 10

- Heute war ich positiv überrascht von: ...
- Das hat mir ganz schön zugesetzt: ...
- Dafür bin ich ausgesprochen dankbar: ...

Heute ist *(Wochentag und Datum)*

MORGENS:

Wie war deine Nacht? *Traumlos* *Albtraummäßig* *Traumhaft*

Das möchte ich dazu festhalten: ...

Dinge aus meinem Plan von gestern, die ich noch machen möchte:

1.

2.

Neues Tagesziel für heute:

TAGSÜBER:

Gedanken, die kommen und gehen: ...

ABENDS:

TAG 263

Wie war dein Tag?

- Das möchte ich verändern: ...
- Ich merke, dass ich schon ganz gut darin bin, ...
- Darauf bin ich stolz: ...

Heute ist *(Wochentag und Datum)*

MORGENS:

Wie war deine Nacht? *Traumlos* *Albtraummäßig* *Traumhaft*

Das möchte ich dazu festhalten: ...

Dinge aus meinem Plan von gestern, die ich noch machen möchte:

1.

2.

Neues Tagesziel für heute:

TAGSÜBER:

Gedanken, die kommen und gehen: ...

ABENDS:

TAG 264

Wie war dein Tag?

- Das habe ich heute erlebt: ...
- Ein Gedanke, der mir immer wieder kommt: ...
- Ich habe mir etwas vorgenommen, nämlich: ...
- Wen oder was kann ich derzeit einfach nicht ertragen?
- Wer oder was hilft mir gerade sehr?

Heute ist *(Wochentag und Datum)*

MORGENS:

Wie war deine Nacht? *Traumlos* *Albtraummäßig* *Traumhaft*

Das möchte ich dazu festhalten: ...

Dinge aus meinem Plan von gestern, die ich noch machen möchte:

1.

2.

Neues Tagesziel für heute:

TAGSÜBER:

Gedanken, die kommen und gehen: ...

ABENDS:

TAG 265

Wie war dein Tag?

- Das muss ich dir unbedingt erzählen: ...
- Ich fühle mich: ...
- Darüber habe ich mich heute gefreut: ...
- Das hat mich zum Nachdenken gebracht: ...
- Ich brauche: ...

Heute ist *(Wochentag und Datum)*

MORGENS:

Wie war deine Nacht? *Traumlos* *Albtraummäßig* *Traumhaft*

Das möchte ich dazu festhalten: ...

Dinge aus meinem Plan von gestern, die ich noch machen möchte:

1.

2.

Neues Tagesziel für heute:

TAGSÜBER:

Gedanken, die kommen und gehen: ...

ABENDS:

TAG 266

Wie war dein Tag?

- Diese drei Schlagworte sagen zu heute alles:

Heute ist *(Wochentag und Datum)*

MORGENS:

Wie war deine Nacht? *Traumlos* *Albtraummäßig* *Traumhaft*

Das möchte ich dazu festhalten: ...

Dinge aus meinem Plan von gestern, die ich noch machen möchte:

1.

2.

Neues Tagesziel für heute:

TAGSÜBER:

Gedanken, die kommen und gehen: ...

ABENDS:

TAG 267

Wie war dein Tag?

Auf einer Skala von 1 (schlecht) bis
10 (sehr gut), wo würdest du dich sehen?

1 2 3 4 5 6 7 8 9 10

- Heute war ich positiv überrascht von: ...
- Das hat mir ganz schön zugesetzt: ...
- Dafür bin ich ausgesprochen dankbar: ...

Heute ist *(Wochentag und Datum)*

MORGENS:

Wie war deine Nacht? *Traumlos* *Albtraummäßig* *Traumhaft*

Das möchte ich dazu festhalten: ...

Dinge aus meinem Plan von gestern, die ich noch machen möchte:

1.

2.

Neues Tagesziel für heute:

TAGSÜBER:

Gedanken, die kommen und gehen: ...

ABENDS:

TAG 268

Wie war dein Tag?

- Das möchte ich verändern: ...
- Ich merke, dass ich schon ganz gut darin bin, ...
- Darauf bin ich stolz: ...

Heute ist *(Wochentag und Datum)*

MORGENS:

Wie war deine Nacht? *Traumlos* *Albtraummäßig* *Traumhaft*

Das möchte ich dazu festhalten: ...

Dinge aus meinem Plan von gestern, die ich noch machen möchte:

1.

2.

Neues Tagesziel für heute:

TAGSÜBER:

Gedanken, die kommen und gehen: ...

ABENDS:

TAG 269

Wie war dein Tag?

- Das habe ich heute erlebt: ...
- Ein Gedanke, der mir immer wieder kommt: ...
- Ich habe mir etwas vorgenommen, nämlich: ...
- Wen oder was kann ich derzeit einfach nicht ertragen?
- Wer oder was hilft mir gerade sehr?

Heute ist *(Wochentag und Datum)*

MORGENS:

Wie war deine Nacht? *Traumlos* *Albtraummäßig* *Traumhaft*

Das möchte ich dazu festhalten: ...

Dinge aus meinem Plan von gestern, die ich noch machen möchte:

1.

2.

Neues Tagesziel für heute:

TAGSÜBER:

Gedanken, die kommen und gehen: ...

ABENDS:

TAG 270

Wie war dein Tag?

- Das muss ich dir unbedingt erzählen: ...
- Ich fühle mich: ...
- Darüber habe ich mich heute gefreut: ...
- Das hat mich zum Nachdenken gebracht: ...
- Ich brauche: ...

Heute ist *(Wochentag und Datum)*

MORGENS:

Wie war deine Nacht? *Traumlos* *Albtraummäßig* *Traumhaft*

Das möchte ich dazu festhalten: …

Dinge aus meinem Plan von gestern, die ich noch machen möchte:

1.

2.

Neues Tagesziel für heute:

TAGSÜBER:

Gedanken, die kommen und gehen: …

ABENDS:

TAG 271

Wie war dein Tag?

- Diese drei Schlagworte sagen zu heute alles:

Heute ist *(Wochentag und Datum)*

MORGENS:

Wie war deine Nacht? *Traumlos* *Albtraummäßig* *Traumhaft*

Das möchte ich dazu festhalten: ...

Dinge aus meinem Plan von gestern, die ich noch machen möchte:

1.

2.

Neues Tagesziel für heute:

TAGSÜBER:

Gedanken, die kommen und gehen: ...

TAG 272

ABENDS:

Wie war dein Tag?

Auf einer Skala von 1 (schlecht) bis
10 (sehr gut), wo würdest du dich sehen?

1 2 3 4 5 6 7 8 9 10

- Heute war ich positiv überrascht von: ...
- Das hat mir ganz schön zugesetzt: ...
- Dafür bin ich ausgesprochen dankbar: ...

Heute ist *(Wochentag und Datum)*

MORGENS:

Wie war deine Nacht? *Traumlos* *Albtraummäßig* *Traumhaft*

Das möchte ich dazu festhalten: ...

Dinge aus meinem Plan von gestern, die ich noch machen möchte:

1.

2.

Neues Tagesziel für heute:

TAGSÜBER:

Gedanken, die kommen und gehen: ...

ABENDS:

TAG 273

Wie war dein Tag?

- Das möchte ich verändern: ...
- Ich merke, dass ich schon ganz gut darin bin, ...
- Darauf bin ich stolz: ...

Heute ist *(Wochentag und Datum)*

MORGENS:

Wie war deine Nacht? *Traumlos* *Albtraummäßig* *Traumhaft*

Das möchte ich dazu festhalten: ...

Dinge aus meinem Plan von gestern, die ich noch machen möchte:

1.

2.

Neues Tagesziel für heute:

TAGSÜBER:

Gedanken, die kommen und gehen: ...

ABENDS:

TAG 274

Wie war dein Tag?

- Das habe ich heute erlebt: ...
- Ein Gedanke, der mir immer wieder kommt: ...
- Ich habe mir etwas vorgenommen, nämlich: ...
- Wen oder was kann ich derzeit einfach nicht ertragen?
- Wer oder was hilft mir gerade sehr?

Heute ist *(Wochentag und Datum)*

MORGENS:

Wie war deine Nacht? *Traumlos* *Albtraummäßig* *Traumhaft*

Das möchte ich dazu festhalten: ...

Dinge aus meinem Plan von gestern, die ich noch machen möchte:

1.

2.

Neues Tagesziel für heute:

TAGSÜBER:

Gedanken, die kommen und gehen: ...

ABENDS:

TAG 275

Wie war dein Tag?

- Das muss ich dir unbedingt erzählen: ...
- Ich fühle mich: ...
- Darüber habe ich mich heute gefreut: ...
- Das hat mich zum Nachdenken gebracht: ...
- Ich brauche: ...

Heute ist *(Wochentag und Datum)*

MORGENS:

Wie war deine Nacht? *Traumlos* *Albtraummäßig* *Traumhaft*

Das möchte ich dazu festhalten: ...

Dinge aus meinem Plan von gestern, die ich noch machen möchte:

1.

2.

Neues Tagesziel für heute:

TAGSÜBER:

Gedanken, die kommen und gehen: ...

ABENDS:

TAG 276

Wie war dein Tag?

- Diese drei Schlagworte sagen zu heute alles:

Heute ist *(Wochentag und Datum)*

MORGENS:

Wie war deine Nacht? *Traumlos* *Albtraummäßig* *Traumhaft*

Das möchte ich dazu festhalten: ...

Dinge aus meinem Plan von gestern, die ich noch machen möchte:

1.

2.

Neues Tagesziel für heute:

TAGSÜBER:

Gedanken, die kommen und gehen: ...

ABENDS:

TAG 277

Wie war dein Tag?

Auf einer Skala von 1 (schlecht) bis 10 (sehr gut), wo würdest du dich sehen?

1 2 3 4 5 6 7 8 9 10

- Heute war ich positiv überrascht von: ...
- Das hat mir ganz schön zugesetzt: ...
- Dafür bin ich ausgesprochen dankbar: ...

Heute ist *(Wochentag und Datum)*

MORGENS:

Wie war deine Nacht? *Traumlos* *Albtraummäßig* *Traumhaft*

Das möchte ich dazu festhalten: ...

Dinge aus meinem Plan von gestern, die ich noch machen möchte:

1.

2.

Neues Tagesziel für heute:

TAGSÜBER:

Gedanken, die kommen und gehen: ...

ABENDS:

TAG 278

Wie war dein Tag?

- Das möchte ich verändern: ...
- Ich merke, dass ich schon ganz gut darin bin, ...
- Darauf bin ich stolz: ...

Heute ist *(Wochentag und Datum)*

MORGENS:

Wie war deine Nacht? *Traumlos* *Albtraummäßig* *Traumhaft*

Das möchte ich dazu festhalten: ...

Dinge aus meinem Plan von gestern, die ich noch machen möchte:

1.

2.

Neues Tagesziel für heute:

TAGSÜBER:

Gedanken, die kommen und gehen: ...

TAG 279

ABENDS:

Wie war dein Tag?

- Das habe ich heute erlebt: ...
- Ein Gedanke, der mir immer wieder kommt: ...
- Ich habe mir etwas vorgenommen, nämlich: ...
- Wen oder was kann ich derzeit einfach nicht ertragen?
- Wer oder was hilft mir gerade sehr?

Heute ist *(Wochentag und Datum)*

MORGENS:

Wie war deine Nacht? *Traumlos* *Albtraummäßig* *Traumhaft*

Das möchte ich dazu festhalten: ...

Dinge aus meinem Plan von gestern, die ich noch machen möchte:

1.

2.

Neues Tagesziel für heute:

TAGSÜBER:

Gedanken, die kommen und gehen: ...

ABENDS:

TAG 280

Wie war dein Tag?

- Das muss ich dir unbedingt erzählen: ...
- Ich fühle mich: ...
- Darüber habe ich mich heute gefreut: ...
- Das hat mich zum Nachdenken gebracht: ...
- Ich brauche: ...

Heute ist *(Wochentag und Datum)*

MORGENS:

Wie war deine Nacht? *Traumlos* *Albtraummäßig* *Traumhaft*

Das möchte ich dazu festhalten: ...

Dinge aus meinem Plan von gestern, die ich noch machen möchte:

1.

2.

Neues Tagesziel für heute:

TAGSÜBER:

Gedanken, die kommen und gehen: ...

ABENDS:

TAG 281

Wie war dein Tag?

- Diese drei Schlagworte sagen zu heute alles:

Heute ist *(Wochentag und Datum)*

MORGENS:

Wie war deine Nacht? *Traumlos* *Albtraummäßig* *Traumhaft*

Das möchte ich dazu festhalten: ...

Dinge aus meinem Plan von gestern, die ich noch machen möchte:

1.

2.

Neues Tagesziel für heute:

TAGSÜBER:

Gedanken, die kommen und gehen: ...

ABENDS:

TAG 282

Wie war dein Tag?

Auf einer Skala von 1 (schlecht) bis 10 (sehr gut), wo würdest du dich sehen?

1 2 3 4 5 6 7 8 9 10

- Heute war ich positiv überrascht von: ...
- Das hat mir ganz schön zugesetzt: ...
- Dafür bin ich ausgesprochen dankbar: ...

Heute ist *(Wochentag und Datum)*

MORGENS:

Wie war deine Nacht? *Traumlos* *Albtraummäßig* *Traumhaft*

Das möchte ich dazu festhalten: ...

Dinge aus meinem Plan von gestern, die ich noch machen möchte:

1.

2.

Neues Tagesziel für heute:

TAGSÜBER:

Gedanken, die kommen und gehen: ...

ABENDS:

TAG 283

Wie war dein Tag?

- Das möchte ich verändern: ...
- Ich merke, dass ich schon ganz gut darin bin, ...
- Darauf bin ich stolz: ...

Heute ist *(Wochentag und Datum)*

MORGENS:

Wie war deine Nacht? *Traumlos* *Albtraummäßig* *Traumhaft*

Das möchte ich dazu festhalten: ...

Dinge aus meinem Plan von gestern, die ich noch machen möchte:

1.

2.

Neues Tagesziel für heute:

TAGSÜBER:

Gedanken, die kommen und gehen: ...

TAG 284

ABENDS:

Wie war dein Tag?

- Das habe ich heute erlebt: ...
- Ein Gedanke, der mir immer wieder kommt: ...
- Ich habe mir etwas vorgenommen, nämlich: ...
- Wen oder was kann ich derzeit einfach nicht ertragen?
- Wer oder was hilft mir gerade sehr?

Heute ist *(Wochentag und Datum)*

MORGENS:

Wie war deine Nacht? *Traumlos* *Albtraummäßig* *Traumhaft*

Das möchte ich dazu festhalten: ...

Dinge aus meinem Plan von gestern, die ich noch machen möchte:

1.

2.

Neues Tagesziel für heute:

TAGSÜBER:

Gedanken, die kommen und gehen: ...

ABENDS:

TAG 285

Wie war dein Tag?

- Das muss ich dir unbedingt erzählen: ...
- Ich fühle mich: ...
- Darüber habe ich mich heute gefreut: ...
- Das hat mich zum Nachdenken gebracht: ...
- Ich brauche: ...

Heute ist *(Wochentag und Datum)*

MORGENS:

Wie war deine Nacht? *Traumlos* *Albtraummäßig* *Traumhaft*

Das möchte ich dazu festhalten: ...

Dinge aus meinem Plan von gestern, die ich noch machen möchte:

1.

2.

Neues Tagesziel für heute:

TAGSÜBER:

Gedanken, die kommen und gehen: ...

TAG 286

ABENDS:

Wie war dein Tag?

- Diese drei Schlagworte sagen zu heute alles:

Heute ist *(Wochentag und Datum)*

MORGENS:

Wie war deine Nacht? *Traumlos* *Albtraummäßig* *Traumhaft*

Das möchte ich dazu festhalten: ...

Dinge aus meinem Plan von gestern, die ich noch machen möchte:

1.

2.

Neues Tagesziel für heute:

TAGSÜBER:

Gedanken, die kommen und gehen: ...

ABENDS:

TAG 287

Wie war dein Tag?

Auf einer Skala von 1 (schlecht) bis 10 (sehr gut), wo würdest du dich sehen?

1 2 3 4 5 6 7 8 9 10

- Heute war ich positiv überrascht von: ...
- Das hat mir ganz schön zugesetzt: ...
- Dafür bin ich ausgesprochen dankbar: ...

Heute ist *(Wochentag und Datum)*

MORGENS:

Wie war deine Nacht? *Traumlos* *Albtraummäßig* *Traumhaft*

Das möchte ich dazu festhalten: ...

Dinge aus meinem Plan von gestern, die ich noch machen möchte:

1.

2.

Neues Tagesziel für heute:

TAGSÜBER:

Gedanken, die kommen und gehen: ...

ABENDS:

TAG 288

Wie war dein Tag?

- Das möchte ich verändern: ...
- Ich merke, dass ich schon ganz gut darin bin, ...
- Darauf bin ich stolz: ...

Heute ist *(Wochentag und Datum)*

BELOHNUNGSTAG

Wow! Bist du dir bewusst, wie viele Loopings du nun schon gemeistert hast? Du bist ordentlich durchgerüttelt worden, und das kostet Kraft. Darum heißt es heute wieder: Dein Tag der Belohnung ist da! Genieß es, genieß etwas, genieß und spür DICH ...

TAG 289

Heute ist *(Wochentag und Datum)*

MORGENS:

Wie war deine Nacht? *Traumlos* *Albtraummäßig* *Traumhaft*

Das möchte ich dazu festhalten: ...

Das habe ich gestern gemacht und es in vollen Zügen genossen:

Neues Tagesziel für heute:

TAGSÜBER:

Gedanken, die kommen und gehen: ...

TAG 290

ABENDS:

Wie war dein Tag?

- Das habe ich heute erlebt: ...
- Ein Gedanke, der mir immer wieder kommt: ...
- Ich habe mir etwas vorgenommen, nämlich: ...
- Wen oder was kann ich derzeit einfach nicht ertragen?
- Wer oder was hilft mir gerade sehr?

Heute ist *(Wochentag und Datum)*

MORGENS:

Wie war deine Nacht? *Traumlos* *Albtraummäßig* *Traumhaft*

Das möchte ich dazu festhalten: ...

Dinge aus meinem Plan von gestern, die ich noch machen möchte:

1.

2.

Neues Tagesziel für heute:

TAGSÜBER:

Gedanken, die kommen und gehen: ...

ABENDS:

TAG 291

Wie war dein Tag?

- Diese drei Schlagworte sagen zu heute alles:

Heute ist *(Wochentag und Datum)*

MORGENS:

Wie war deine Nacht? *Traumlos* *Albtraummäßig* *Traumhaft*

Das möchte ich dazu festhalten: ...

Dinge aus meinem Plan von gestern, die ich noch machen möchte:

1.

2.

Neues Tagesziel für heute:

TAGSÜBER:

Gedanken, die kommen und gehen: ...

ABENDS:

TAG 292

Wie war dein Tag?

Auf einer Skala von 1 (schlecht) bis 10 (sehr gut), wo würdest du dich sehen?

1 2 3 4 5 6 7 8 9 10

- Heute war ich positiv überrascht von: ...
- Das hat mir ganz schön zugesetzt: ...
- Dafür bin ich ausgesprochen dankbar: ...

Heute ist *(Wochentag und Datum)*

MORGENS:

Wie war deine Nacht? *Traumlos* *Albtraummäßig* *Traumhaft*

Das möchte ich dazu festhalten: ...

Dinge aus meinem Plan von gestern, die ich noch machen möchte:

1.

2.

Neues Tagesziel für heute:

TAGSÜBER:

Gedanken, die kommen und gehen: ...

ABENDS:

TAG 293

Wie war dein Tag?

- Das möchte ich verändern: ...
- Ich merke, dass ich schon ganz gut darin bin, ...
- Darauf bin ich stolz: ...

Heute ist *(Wochentag und Datum)*

MORGENS:

Wie war deine Nacht? *Traumlos* *Albtraummäßig* *Traumhaft*

Das möchte ich dazu festhalten: ...

Dinge aus meinem Plan von gestern, die ich noch machen möchte:

1.

2.

Neues Tagesziel für heute:

TAGSÜBER:

Gedanken, die kommen und gehen: ...

TAG 294

ABENDS:

Wie war dein Tag?

- Das muss ich dir unbedingt erzählen: ...
- Ich fühle mich: ...
- Darüber habe ich mich heute gefreut: ...
- Das hat mich zum Nachdenken gebracht: ...
- Ich brauche: ...

Heute ist *(Wochentag und Datum)*

MORGENS:

Wie war deine Nacht? *Traumlos* *Albtraummäßig* *Traumhaft*

Das möchte ich dazu festhalten: ...

Dinge aus meinem Plan von gestern, die ich noch machen möchte:

1.

2.

Neues Tagesziel für heute:

TAGSÜBER:

Gedanken, die kommen und gehen: ...

TAG 295

ABENDS:

Wie war dein Tag?

- Das habe ich heute erlebt: ...
- Ein Gedanke, der mir immer wieder kommt: ...
- Ich habe mir etwas vorgenommen, nämlich: ...
- Wen oder was kann ich derzeit einfach nicht ertragen?
- Wer oder was hilft mir gerade sehr?

Heute ist *(Wochentag und Datum)*

MORGENS:

Wie war deine Nacht? *Traumlos* *Albtraummäßig* *Traumhaft*

Das möchte ich dazu festhalten: ...

Dinge aus meinem Plan von gestern, die ich noch machen möchte:

1.

2.

Neues Tagesziel für heute:

TAGSÜBER:

Gedanken, die kommen und gehen: ...

TAG 296

ABENDS:

Wie war dein Tag?

- Diese drei Schlagworte sagen zu heute alles:

Heute ist *(Wochentag und Datum)*

MORGENS:

Wie war deine Nacht? *Traumlos* *Albtraummäßig* *Traumhaft*

Das möchte ich dazu festhalten: ...

Dinge aus meinem Plan von gestern, die ich noch machen möchte:

1.

2.

Neues Tagesziel für heute:

TAGSÜBER:

Gedanken, die kommen und gehen: ...

ABENDS:

TAG 297

Wie war dein Tag?

Auf einer Skala von 1 (schlecht) bis 10 (sehr gut), wo würdest du dich sehen?

1 2 3 4 5 6 7 8 9 10

- Heute war ich positiv überrascht von: ...
- Das hat mir ganz schön zugesetzt: ...
- Dafür bin ich ausgesprochen dankbar: ...

Heute ist *(Wochentag und Datum)*

MORGENS:

Wie war deine Nacht? *Traumlos* *Albtraummäßig* *Traumhaft*

Das möchte ich dazu festhalten: ...

Dinge aus meinem Plan von gestern, die ich noch machen möchte:

1.

2.

Neues Tagesziel für heute:

TAGSÜBER:

Gedanken, die kommen und gehen: ...

ABENDS:

TAG 298

Wie war dein Tag?

- Das möchte ich verändern: ...
- Ich merke, dass ich schon ganz gut darin bin, ...
- Darauf bin ich stolz: ...

Heute ist *(Wochentag und Datum)*

MORGENS:

Wie war deine Nacht? *Traumlos* *Albtraummäßig* *Traumhaft*

Das möchte ich dazu festhalten: ...

Dinge aus meinem Plan von gestern, die ich noch machen möchte:

1.

2.

Neues Tagesziel für heute:

TAGSÜBER:

Gedanken, die kommen und gehen: ...

TAG **299**

ABENDS:

Wie war dein Tag?

- Das muss ich dir unbedingt erzählen: ...
- Ich fühle mich: ...
- Darüber habe ich mich heute gefreut: ...
- Das hat mich zum Nachdenken gebracht: ...
- Ich brauche: ...

Heute ist *(Wochentag und Datum)*

MORGENS:

Wie war deine Nacht? *Traumlos* *Albtraummäßig* *Traumhaft*

Das möchte ich dazu festhalten: ...

Dinge aus meinem Plan von gestern, die ich noch machen möchte:

1.

2.

Neues Tagesziel für heute:

TAGSÜBER:

Gedanken, die kommen und gehen: ...

ABENDS:

Wie war dein Tag?

TAG 300

- Das habe ich heute erlebt: …
- Ein Gedanke, der mir immer wieder kommt: …
- Ich habe mir etwas vorgenommen, nämlich: …
- Wen oder was kann ich derzeit einfach nicht ertragen?
- Wer oder was hilft mir gerade sehr?

Heute ist *(Wochentag und Datum)*

WALDBADEN – DER DUFT DER NATUR

Wieder sind etliche Wochen vergangen seit unserem letzten Besuch. Warst du in der Zeit bereits allein im Wald und hast eventuell deinen Stein besucht?

Heute widmen wir uns im Wald den vielen Gerüchen, die da sind. Frischer Tannenduft vielleicht oder der Geruch nach Erde. Es gibt unzählige Düfte, die in der Luft liegen. Welchen magst du besonders gern? Vielleicht ist es auch der Duft einer Frucht, die im Wald wächst? Nimm dir heute etwas von den Dingen mit, deren Geruch du gern magst. Du kannst es unter dein Kopfkissen legen oder an deinen Nachttisch.

Du kannst dir viele dieser (Wald-)Düfte auch in Reinform als ein ätherisches Öl besorgen:

Düfte sind Schmeichler in Situationen von Krise und Unwohlsein. Drogerien und Apotheken verfügen über ein wunderbares Sortiment und die Menschen dort können dich auch gut beraten zu Wirkstoff und Anwendung. Probiere es doch einfach mal aus!

TAG 301

Heute ist *(Wochentag und Datum)*

MORGENS:

Wie war deine Nacht? *Traumlos* *Albtraummäßig* *Traumhaft*

Das möchte ich dazu festhalten: ...

Diesen Geruch mag ich einfach am liebsten:

Neues Tagesziel für heute:

TAGSÜBER:

Gedanken, die kommen und gehen: ...

ABENDS:

TAG 302

Wie war dein Tag?

- Diese drei Schlagworte sagen zu heute alles:

Heute ist *(Wochentag und Datum)*

MORGENS:

Wie war deine Nacht? *Traumlos* *Albtraummäßig* *Traumhaft*

Das möchte ich dazu festhalten: ...

Dinge aus meinem Plan von gestern, die ich noch machen möchte:

1.

2.

Neues Tagesziel für heute:

TAGSÜBER:

Gedanken, die kommen und gehen: ...

ABENDS:

TAG 303

Wie war dein Tag?

Auf einer Skala von 1 (schlecht) bis 10 (sehr gut), wo würdest du dich sehen?

1 2 3 4 5 6 7 8 9 10

- Heute war ich positiv überrascht von: ...
- Das hat mir ganz schön zugesetzt: ...
- Dafür bin ich ausgesprochen dankbar: ...

Heute ist *(Wochentag und Datum)*

MORGENS:

Wie war deine Nacht? *Traumlos* *Albtraummäßig* *Traumhaft*

Das möchte ich dazu festhalten: ...

Dinge aus meinem Plan von gestern, die ich noch machen möchte:

1.

2.

Neues Tagesziel für heute:

TAGSÜBER:

Gedanken, die kommen und gehen: ...

TAG 304

ABENDS:

Wie war dein Tag?

- Das möchte ich verändern: ...
- Ich merke, dass ich schon ganz gut darin bin, ...
- Darauf bin ich stolz: ...

Heute ist *(Wochentag und Datum)*

MORGENS:

Wie war deine Nacht? *Traumlos* *Albtraummäßig* *Traumhaft*

Das möchte ich dazu festhalten: ...

Dinge aus meinem Plan von gestern, die ich noch machen möchte:

1.

2.

Neues Tagesziel für heute:

TAGSÜBER:

Gedanken, die kommen und gehen: ...

ABENDS:

TAG 305

Wie war dein Tag?

- Das habe ich heute erlebt: ...
- Ein Gedanke, der mir immer wieder kommt: ...
- Ich habe mir etwas vorgenommen, nämlich: ...
- Wen oder was kann ich derzeit einfach nicht ertragen?
- Wer oder was hilft mir gerade sehr?

Heute ist *(Wochentag und Datum)*

MORGENS:

Wie war deine Nacht? *Traumlos* *Albtraummäßig* *Traumhaft*

Das möchte ich dazu festhalten: ...

Dinge aus meinem Plan von gestern, die ich noch machen möchte:

1.

2.

Neues Tagesziel für heute:

TAGSÜBER:

Gedanken, die kommen und gehen: ...

ABENDS:

TAG 306

Wie war dein Tag?

- Das muss ich dir unbedingt erzählen: ...
- Ich fühle mich: ...
- Darüber habe ich mich heute gefreut: ...
- Das hat mich zum Nachdenken gebracht: ...
- Ich brauche: ...

Heute ist *(Wochentag und Datum)*

MORGENS:

Wie war deine Nacht? *Traumlos* *Albtraummäßig* *Traumhaft*

Das möchte ich dazu festhalten: ...

Dinge aus meinem Plan von gestern, die ich noch machen möchte:

1.

2.

Neues Tagesziel für heute:

TAGSÜBER:

Gedanken, die kommen und gehen: ...

ABENDS:

TAG 307

Wie war dein Tag?

- Diese drei Schlagworte sagen zu heute alles:

Heute ist *(Wochentag und Datum)*

MORGENS:

Wie war deine Nacht? *Traumlos* *Albtraummäßig* *Traumhaft*

Das möchte ich dazu festhalten: ...

Dinge aus meinem Plan von gestern, die ich noch machen möchte:

1.

2.

Neues Tagesziel für heute:

TAGSÜBER:

Gedanken, die kommen und gehen: ...

ABENDS:

TAG 308

Wie war dein Tag?

Auf einer Skala von 1 (schlecht) bis 10 (sehr gut), wo würdest du dich sehen?

1 2 3 4 5 6 7 8 9 10

- Heute war ich positiv überrascht von: ...
- Das hat mir ganz schön zugesetzt: ...
- Dafür bin ich ausgesprochen dankbar: ...

Heute ist *(Wochentag und Datum)*

MORGENS:

Wie war deine Nacht? *Traumlos* *Albtraummäßig* *Traumhaft*

Das möchte ich dazu festhalten: ...

Dinge aus meinem Plan von gestern, die ich noch machen möchte:

1.

2.

Neues Tagesziel für heute:

TAGSÜBER:

Gedanken, die kommen und gehen: ...

ABENDS:

TAG 309

Wie war dein Tag?

- Das möchte ich verändern: ...
- Ich merke, dass ich schon ganz gut darin bin, ...
- Darauf bin ich stolz: ...

Heute ist *(Wochentag und Datum)*

MORGENS:

Wie war deine Nacht? *Traumlos* *Albtraummäßig* *Traumhaft*

Das möchte ich dazu festhalten: ...

Dinge aus meinem Plan von gestern, die ich noch machen möchte:

1.

2.

Neues Tagesziel für heute:

TAGSÜBER:

Gedanken, die kommen und gehen: ...

ABENDS:

TAG 310

Wie war dein Tag?

- Das habe ich heute erlebt: ...
- Ein Gedanke, der mir immer wieder kommt: ...
- Ich habe mir etwas vorgenommen, nämlich: ...
- Wen oder was kann ich derzeit einfach nicht ertragen?
- Wer oder was hilft mir gerade sehr?

Heute ist *(Wochentag und Datum)*

MORGENS:

Wie war deine Nacht? *Traumlos* *Albtraummäßig* *Traumhaft*

Das möchte ich dazu festhalten: ...

Dinge aus meinem Plan von gestern, die ich noch machen möchte:

1.

2.

Neues Tagesziel für heute:

TAGSÜBER:

Gedanken, die kommen und gehen: ...

ABENDS:

TAG 311

Wie war dein Tag?

- Das muss ich dir unbedingt erzählen: ...
- Ich fühle mich: ...
- Darüber habe ich mich heute gefreut: ...
- Das hat mich zum Nachdenken gebracht: ...
- Ich brauche: ...

Heute ist *(Wochentag und Datum)*

MORGENS:

Wie war deine Nacht? *Traumlos* *Albtraummäßig* *Traumhaft*

Das möchte ich dazu festhalten: ...

Dinge aus meinem Plan von gestern, die ich noch machen möchte:

1.

2.

Neues Tagesziel für heute:

TAGSÜBER:

Gedanken, die kommen und gehen: ...

ABENDS:

TAG 312

Wie war dein Tag?

- Diese drei Schlagworte sagen zu heute alles:

Heute ist *(Wochentag und Datum)*

LEINEN LOS – WIR FALTEN EIN BÖTCHEN

Erinnerst du dich noch an die Falttechniken mit Papier? Sicher hast du schon einmal einen Zeitungshut gefaltet oder ein kleines Schiffchen! Genau das wollen wir heute tun. Schau dir ggf. Tutorials im Internet an, wie du aus Papier kleine Schiffchen faltest.

Nun kannst du gern auch mehrere Schiffchen bauen, in unterschiedlichen Farben oder Größen. Du kannst sie schmücken und beladen oder auch beschriften. Schreibe Erinnerungen, Worte, Fragen, Abschiedsgedanken oder was auch immer auf dein Boot, belade es mit etwas, was dich für immer an das Vergangene, an den einen besonderen Menschen oder dein Tier erinnert.

Magst du das Schiffchen fahren lassen? Bist du bereit, die Leinen zu lösen?

Dann gibt es sicherlich in der Nähe von deinem Zuhause einen Bach, einen Fluss oder einen See, in die du dein Schiffchen bringen und fahren lassen kannst. Und genau dort fahren wir heute hin.

Wenn du bereit bist, gibst du deinem Boot einen kleinen Schwung und schaust ihm hinterher. Lass all das gehen, was du heute gehen lassen möchtest, und wenn du möchtest, schreibst du deine Gedanken dazu hier noch einmal auf oder klebst ganz einfach ein Bötchen hier rein:

TAG 313

Heute ist *(Wochentag und Datum)*

MORGENS:

Wie war deine Nacht? *Traumlos* *Albtraummäßig* *Traumhaft*

Das möchte ich dazu festhalten: ...

Diese Orte am Wasser mag ich besonders gern und sie geben mir Kraft::

1.

2.

Neues Tagesziel für heute:

TAGSÜBER:

Gedanken, die kommen und gehen: ...

TAG 314

ABENDS:

Wie war dein Tag?

Auf einer Skala von 1 (schlecht) bis 10 (sehr gut), wo würdest du dich sehen?

1 2 3 4 5 6 7 8 9 10

- Heute war ich positiv überrascht von: ...
- Das hat mir ganz schön zugesetzt: ...
- Dafür bin ich ausgesprochen dankbar: ...

Heute ist *(Wochentag und Datum)*

MORGENS:

Wie war deine Nacht? *Traumlos* *Albtraummäßig* *Traumhaft*

Das möchte ich dazu festhalten: ...

Dinge aus meinem Plan von gestern, die ich noch machen möchte:

1.

2.

Neues Tagesziel für heute:

TAGSÜBER:

Gedanken, die kommen und gehen: ...

ABENDS:

TAG 315

Wie war dein Tag?

- Das habe ich heute erlebt: ...
- Ein Gedanke, der mir immer wieder kommt: ...
- Ich habe mir etwas vorgenommen, nämlich: ...
- Wen oder was kann ich derzeit einfach nicht ertragen?
- Wer oder was hilft mir gerade sehr?

Heute ist *(Wochentag und Datum)*

MORGENS:

Wie war deine Nacht? *Traumlos* *Albtraummäßig* *Traumhaft*

Das möchte ich dazu festhalten: ...

Dinge aus meinem Plan von gestern, die ich noch machen möchte:

1.

2.

Neues Tagesziel für heute:

TAGSÜBER:

Gedanken, die kommen und gehen: ...

ABENDS:

TAG 316

Wie war dein Tag?

- Das möchte ich verändern: ...
- Ich merke, dass ich schon ganz gut darin bin, ...
- Darauf bin ich stolz: ...

Heute ist *(Wochentag und Datum)*

MORGENS:

Wie war deine Nacht? *Traumlos* *Albtraummäßig* *Traumhaft*

Das möchte ich dazu festhalten: ...

Dinge aus meinem Plan von gestern, die ich noch machen möchte:

1.

2.

Neues Tagesziel für heute:

TAGSÜBER:

Gedanken, die kommen und gehen: ...

ABENDS:

TAG 317

Wie war dein Tag?

- Diese drei Schlagworte sagen zu heute alles:

ABENDS:

Wie war dein Tag?

- Diese drei Schlagworte sagen zu heute alles:

Heute ist *(Wochentag und Datum)*

MORGENS:

Wie war deine Nacht? *Traumlos* *Albtraummäßig* *Traumhaft*

Das möchte ich dazu festhalten: ...

Dinge aus meinem Plan von gestern, die ich noch machen möchte:

1.

2.

Neues Tagesziel für heute:

TAGSÜBER:

Gedanken, die kommen und gehen: ...

ABENDS:

TAG 318

Wie war dein Tag?

- Das muss ich dir unbedingt erzählen: ...
- Ich fühle mich: ...
- Darüber habe ich mich heute gefreut: ...
- Das hat mich zum Nachdenken gebracht: ...
- Ich brauche: ...

Heute ist *(Wochentag und Datum)*

MORGENS:

Wie war deine Nacht? *Traumlos* *Albtraummäßig* *Traumhaft*

Das möchte ich dazu festhalten: ...

Dinge aus meinem Plan von gestern, die ich noch machen möchte:

1.

2.

Neues Tagesziel für heute:

TAGSÜBER:

Gedanken, die kommen und gehen: ...

TAG 319

ABENDS:

Wie war dein Tag?

Auf einer Skala von 1 (schlecht) bis 10 (sehr gut), wo würdest du dich sehen?

1 2 3 4 5 6 7 8 9 10

- Heute war ich positiv überrascht von: ...
- Das hat mir ganz schön zugesetzt: ...
- Dafür bin ich ausgesprochen dankbar: ...

Heute ist *(Wochentag und Datum)*

MORGENS:

Wie war deine Nacht? *Traumlos* *Albtraummäßig* *Traumhaft*

Das möchte ich dazu festhalten: ...

Dinge aus meinem Plan von gestern, die ich noch machen möchte:

1.

2.

Neues Tagesziel für heute:

TAGSÜBER:

Gedanken, die kommen und gehen: ...

ABENDS:

Wie war dein Tag?

- Das habe ich heute erlebt: ...
- Ein Gedanke, der mir immer wieder kommt: ...
- Ich habe mir etwas vorgenommen, nämlich: ...
- Wen oder was kann ich derzeit einfach nicht ertragen?
- Wer oder was hilft mir gerade sehr?

Heute ist *(Wochentag und Datum)*

MORGENS:

Wie war deine Nacht? *Traumlos* *Albtraummäßig* *Traumhaft*

Das möchte ich dazu festhalten: ...

Dinge aus meinem Plan von gestern, die ich noch machen möchte:

1.

2.

Neues Tagesziel für heute:

TAGSÜBER:

Gedanken, die kommen und gehen: ...

TAG 321

ABENDS:

Wie war dein Tag?

- Das möchte ich verändern: ...
- Ich merke, dass ich schon ganz gut darin bin, ...
- Darauf bin ich stolz: ...

Heute ist *(Wochentag und Datum)*

MORGENS:

Wie war deine Nacht? *Traumlos* *Albtraummäßig* *Traumhaft*

Das möchte ich dazu festhalten: ...

Dinge aus meinem Plan von gestern, die ich noch machen möchte:

1.

2.

Neues Tagesziel für heute:

TAGSÜBER:

Gedanken, die kommen und gehen: ...

ABENDS:

TAG 322

Wie war dein Tag?

- Diese drei Schlagworte sagen zu heute alles:

Heute ist *(Wochentag und Datum)*

SCHREITAG

Was!? Ja! Wann hast du dir schonmal alles so richtig von der Seele geschrien? Was sollen die Leute denken, wenn sie mich hören? Was soll ich denn da schreien? Ist es das, was du gerade dazu denkst? Dachte ich mir! Aber es gibt sie, die Möglichkeiten, sich einmal richtig gehenzulassen. Im Wald, in einem Kellerraum oder mitten auf einem freien Feld. Such dir einen Ort aus, an dem du dir vorstellen kannst, ganz ungehindert und frei zu sein.

Es ist ähnlich wie mit dem Tanzen und kurz bevor du mit der Achterbahn auf dem Gipfel angekommen bist und dann die volle Fahrt nach unten kommt und dein Bauch beginnt, sich zusammenzuziehen: Am Anfang ist es ein kleiner Ruf, ein kurzer Aufschrei, aber dann, wenn du so richtig in Fahrt gekommen bist, dann schreist du alles heraus, was du dich bislang nicht getraut hast, anderen zu sagen oder andere zu fragen. Lass deinem Schmerz freie Bahn und gib deinen Gedanken einen Weg nach draußen. Dein Kopf wird sich bedanken. Und vielleicht gibt es ja auch einen netten Menschen, der dich begleiten mag!? Es ist für alle ein besonders schönes und freies Gefühl!

Viel Spaß und übertreib es nicht ;-)

TAG 323

Heute ist *(Wochentag und Datum)*

MORGENS:

Wie war deine Nacht? *Traumlos* *Albtraummäßig* *Traumhaft*

Das möchte ich dazu festhalten: ...

Dinge aus meinem Plan von gestern, die ich noch machen möchte:

1.

2.

Neues Tagesziel für heute:

TAGSÜBER:

Gedanken, die kommen und gehen: ...

TAG 324

ABENDS:

Wie war dein Tag?

Auf einer Skala von 1 (schlecht) bis 10 (sehr gut), wo würdest du dich sehen?

1 2 3 4 5 6 7 8 9 10

- Heute war ich positiv überrascht von: ...
- Das hat mir ganz schön zugesetzt: ...
- Dafür bin ich ausgesprochen dankbar: ...

Heute ist *(Wochentag und Datum)*

MORGENS:

Wie war deine Nacht? *Traumlos* *Albtraummäßig* *Traumhaft*

Das möchte ich dazu festhalten: ...

Dinge aus meinem Plan von gestern, die ich noch machen möchte:

1.

2.

Neues Tagesziel für heute:

TAGSÜBER:

Gedanken, die kommen und gehen: ...

ABENDS:

TAG 325

Wie war dein Tag?

- Das habe ich heute erlebt: ...
- Ein Gedanke, der mir immer wieder kommt: ...
- Ich habe mir etwas vorgenommen, nämlich: ...
- Wen oder was kann ich derzeit einfach nicht ertragen?
- Wer oder was hilft mir gerade sehr?

Heute ist *(Wochentag und Datum)*

MORGENS:

Wie war deine Nacht? *Traumlos* *Albtraummäßig* *Traumhaft*

Das möchte ich dazu festhalten: ...

Dinge aus meinem Plan von gestern, die ich noch machen möchte:

1.

2.

Neues Tagesziel für heute:

TAGSÜBER:

Gedanken, die kommen und gehen: ...

ABENDS:

TAG 326

Wie war dein Tag?

- Das möchte ich verändern: …
- Ich merke, dass ich schon ganz gut darin bin, …
- Darauf bin ich stolz: …

Heute ist *(Wochentag und Datum)*

MORGENS:

Wie war deine Nacht? *Traumlos* *Albtraummäßig* *Traumhaft*

Das möchte ich dazu festhalten: ...

Dinge aus meinem Plan von gestern, die ich noch machen möchte:

1.

2.

Neues Tagesziel für heute:

TAGSÜBER:

Gedanken, die kommen und gehen: ...

ABENDS:

Wie war dein Tag?

TAG 327

- Diese drei Schlagworte sagen zu heute alles:

Heute ist *(Wochentag und Datum)*

MORGENS:

Wie war deine Nacht? *Traumlos* *Albtraummäßig* *Traumhaft*

Das möchte ich dazu festhalten: ...

Dinge aus meinem Plan von gestern, die ich noch machen möchte:

1.

2.

Neues Tagesziel für heute:

TAGSÜBER:

Gedanken, die kommen und gehen: ...

ABENDS:

TAG 328

Wie war dein Tag?

- Das muss ich dir unbedingt erzählen: ...
- Ich fühle mich: ...
- Darüber habe ich mich heute gefreut: ...
- Das hat mich zum Nachdenken gebracht: ...
- Ich brauche: ...

Heute ist *(Wochentag und Datum)*

MORGENS:

Wie war deine Nacht? *Traumlos* *Albtraummäßig* *Traumhaft*

Das möchte ich dazu festhalten: ...

Dinge aus meinem Plan von gestern, die ich noch machen möchte:

1.

2.

Neues Tagesziel für heute:

TAGSÜBER:

Gedanken, die kommen und gehen: ...

ABENDS:

TAG 329

Wie war dein Tag?

Auf einer Skala von 1 (schlecht) bis 10 (sehr gut), wo würdest du dich sehen?

1 2 3 4 5 6 7 8 9 10

- Heute war ich positiv überrascht von: ...
- Das hat mir ganz schön zugesetzt: ...
- Dafür bin ich ausgesprochen dankbar: ...

Heute ist *(Wochentag und Datum)*

MORGENS:

Wie war deine Nacht? *Traumlos* *Albtraummäßig* *Traumhaft*

Das möchte ich dazu festhalten: ...

Dinge aus meinem Plan von gestern, die ich noch machen möchte:

1.

2.

Neues Tagesziel für heute:

TAGSÜBER:

Gedanken, die kommen und gehen: ...

ABENDS:

TAG 330

Wie war dein Tag?

- Das habe ich heute erlebt: ...
- Ein Gedanke, der mir immer wieder kommt: ...
- Ich habe mir etwas vorgenommen, nämlich: ...
- Wen oder was kann ich derzeit einfach nicht ertragen?
- Wer oder was hilft mir gerade sehr?

Heute ist *(Wochentag und Datum)*

MORGENS:

Wie war deine Nacht? *Traumlos* *Albtraummäßig* *Traumhaft*

Das möchte ich dazu festhalten: ...

Dinge aus meinem Plan von gestern, die ich noch machen möchte:

1.

2.

Neues Tagesziel für heute:

TAGSÜBER:

Gedanken, die kommen und gehen: ...

ABENDS:

TAG 331

Wie war dein Tag?

- Das möchte ich verändern: ...
- Ich merke, dass ich schon ganz gut darin bin, ...
- Darauf bin ich stolz: ...

Heute ist *(Wochentag und Datum)*

MORGENS:

Wie war deine Nacht? *Traumlos* *Albtraummäßig* *Traumhaft*

Das möchte ich dazu festhalten: ...

Dinge aus meinem Plan von gestern, die ich noch machen möchte:

1.

2.

Neues Tagesziel für heute:

TAGSÜBER:

Gedanken, die kommen und gehen: ...

ABENDS:

TAG 332

Wie war dein Tag?

- Diese drei Schlagworte sagen zu heute alles:

Heute ist *(Wochentag und Datum)*

MORGENS:

Wie war deine Nacht? *Traumlos* *Albtraummäßig* *Traumhaft*

Das möchte ich dazu festhalten: ...

Dinge aus meinem Plan von gestern, die ich noch machen möchte:

1.

2.

Neues Tagesziel für heute:

TAGSÜBER:

Gedanken, die kommen und gehen: ...

ABENDS:

TAG 3

Wie war dein Tag?

- Das muss ich dir unbedingt erzählen: ...
- Ich fühle mich: ...
- Darüber habe ich mich heute gefreut: ...
- Das hat mich zum Nachdenken gebracht: ...
- Ich brauche: ...

Heute ist *(Wochentag und Datum)* . . . .

INSEL DER STILLE

Du hast nun schon so viel geschafft, bist durch einige Täler gegangen und hast einige steile Klippen erklommen. Es ist an der Zeit, dass du dich auf einmal genau darauf besinnst und stolz auf dich bist. Dazu lade ich dich ein, deine persönliche „Insel der Stille" zu besuchen. Mach es dir gemütlich, schalt alles aus, was dich ablenken könnte: Dein Handy, das Radio und sorge dafür, dass du ein paar Minuten ungestört sein kannst. Bist du bereit? Los geht's

Welches ist dein Lieblingsort? Kannst du deine Augen schließen und genau an diesen Ort denken? Welche Jahreszeit ist es gerade? Wie riecht es dort? Ist es ein Raum oder in der Weite der Natur? Welche Geräusche kannst du hören, was sonst alles wahrnehmen? Ist es warm oder kalt? Bist du eingekuschelt oder womöglich barfuß unterwegs? Sind in deiner Nähe andere Menschen oder bist du allein? Welche Farben umgeben dich? Schau dich ganz genau um und nimm alles wahr und in dich auf. Vielleicht bist du schon oft hier gewesen, aber hast nicht alles wirklich gesehen und betrachtet? Jetzt ist die Zeit dafür. Atme tief ein und aus, genieße jeden Augenblick und sei ganz bei dir selbst. Es ist dein Ort der Stille. Hier bist du ganz so, wie du gern sein möchtest, und umgeben von den Dingen, die bei dir sein sollen. An diesen Ort kannst du jederzeit zurückkehren und er dient dir als Kraftquelle und als Rückzugsort, für dein Seelenheil und zum Verweilen, um nur dich zu spüren und dankbar zu sein. Denn du bist großartig! In dir allein wohnt die Stärke, diesen Weg bis hierhin geschafft zu haben. Gönn dir also ein klein wenig Pause und Ruhe, saug die „Insel der Stille" in dich ein und trag sie bei dir.

Wenn du Lust hast, darfst du hier auch gern deine „Insel der Stille" zeichnen oder malen oder ganz einfach beschreiben oder ein Foto aufkleben ...

TAG 334

Heute ist *(Wochentag und Datum)*

MORGENS:

Wie war deine Nacht? *Traumlos* *Albtraummäßig* *Traumhaft*

Das möchte ich dazu festhalten: ...

Diese Übung ist zu meiner Lieblingsübung geworden:

Neues Tagesziel für heute:

TAGSÜBER:

Gedanken, die kommen und gehen: ...

ABENDS:

TAG 335

Wie war dein Tag?

- Das habe ich heute erlebt: ...
- Ein Gedanke, der mir immer wieder kommt: ...
- Ich habe mir etwas vorgenommen, nämlich: ...
- Wen oder was kann ich derzeit einfach nicht ertragen?
- Wer oder was hilft mir gerade sehr?

Heute ist *(Wochentag und Datum)*

MORGENS:

Wie war deine Nacht? *Traumlos* *Albtraummäßig* *Traumhaft*

Das möchte ich dazu festhalten: ...

Dinge aus meinem Plan von gestern, die ich noch machen möchte:

1.

2.

Neues Tagesziel für heute:

TAGSÜBER:

Gedanken, die kommen und gehen: ...

ABENDS:

TAG 336

Wie war dein Tag?

Auf einer Skala von 1 (schlecht) bis 10 (sehr gut), wo würdest du dich sehen?

1 2 3 4 5 6 7 8 9 10

- Heute war ich positiv überrascht von: …
- Das hat mir ganz schön zugesetzt: …
- Dafür bin ich ausgesprochen dankbar: …

Heute ist *(Wochentag und Datum)*

MORGENS:

Wie war deine Nacht? *Traumlos* *Albtraummäßig* *Traumhaft*

Das möchte ich dazu festhalten: ...

Dinge aus meinem Plan von gestern, die ich noch machen möchte:

1.

2.

Neues Tagesziel für heute:

TAGSÜBER:

Gedanken, die kommen und gehen: ...

ABENDS:

TAG 337

Wie war dein Tag?

- Diese drei Schlagworte sagen zu heute alles:

Heute ist *(Wochentag und Datum)*

MORGENS:

Wie war deine Nacht? *Traumlos* *Albtraummäßig* *Traumhaft*

Das möchte ich dazu festhalten: ...

Dinge aus meinem Plan von gestern, die ich noch machen möchte:

1.

2.

Neues Tagesziel für heute:

TAGSÜBER:

Gedanken, die kommen und gehen: ...

ABENDS:

Wie war dein Tag?

- Das möchte ich verändern: ...
- Ich merke, dass ich schon ganz gut darin bin, ...
- Darauf bin ich stolz: ...

Heute ist *(Wochentag und Datum)*

MORGENS:

Wie war deine Nacht? *Traumlos* *Albtraummäßig* *Traumhaft*

Das möchte ich dazu festhalten: ...

Dinge aus meinem Plan von gestern, die ich noch machen möchte:

1.

2.

Neues Tagesziel für heute:

TAGSÜBER:

Gedanken, die kommen und gehen: ...

ABENDS:

TAG 339

Wie war dein Tag?

- Das muss ich dir unbedingt erzählen: ...
- Ich fühle mich: ...
- Darüber habe ich mich heute gefreut: ...
- Das hat mich zum Nachdenken gebracht: ...
- Ich brauche: ...

Heute ist *(Wochentag und Datum)*

MORGENS:

Wie war deine Nacht? *Traumlos* *Albtraummäßig* *Traumhaft*

Das möchte ich dazu festhalten: ...

Dinge aus meinem Plan von gestern, die ich noch machen möchte:

1.

2.

Neues Tagesziel für heute:

TAGSÜBER:

Gedanken, die kommen und gehen: ...

TAG 340

ABENDS:

Wie war dein Tag?

- Das habe ich heute erlebt: …
- Ein Gedanke, der mir immer wieder kommt: …
- Ich habe mir etwas vorgenommen, nämlich: …
- Wen oder was kann ich derzeit einfach nicht ertragen?
- Wer oder was hilft mir gerade sehr?

Heute ist *(Wochentag und Datum)*

MORGENS:

Wie war deine Nacht? *Traumlos* *Albtraummäßig* *Traumhaft*

Das möchte ich dazu festhalten: ...

Dinge aus meinem Plan von gestern, die ich noch machen möchte:

1.

2.

Neues Tagesziel für heute:

TAGSÜBER:

Gedanken, die kommen und gehen: ...

ABENDS:

TAG 341

Wie war dein Tag?

Auf einer Skala von 1 (schlecht) bis 10 (sehr gut), wo würdest du dich sehen?

1 2 3 4 5 6 7 8 9 10

- Heute war ich positiv überrascht von: ...
- Das hat mir ganz schön zugesetzt: ...
- Dafür bin ich ausgesprochen dankbar: ...

Heute ist *(Wochentag und Datum)*

MORGENS:

Wie war deine Nacht? *Traumlos* *Albtraummäßig* *Traumhaft*

Das möchte ich dazu festhalten: ...

Dinge aus meinem Plan von gestern, die ich noch machen möchte:

1.

2.

Neues Tagesziel für heute:

TAGSÜBER:

Gedanken, die kommen und gehen: ...

ABENDS:

TAG 342

Wie war dein Tag?

- Diese drei Schlagworte sagen zu heute alles:

Heute ist *(Wochentag und Datum)*

MORGENS:

Wie war deine Nacht? *Traumlos* *Albtraummäßig* *Traumhaft*

Das möchte ich dazu festhalten: ...

Dinge aus meinem Plan von gestern, die ich noch machen möchte:

1.

2.

Neues Tagesziel für heute:

TAGSÜBER:

Gedanken, die kommen und gehen: ...

ABENDS:

Wie war dein Tag?

- Das möchte ich verändern: ...
- Ich merke, dass ich schon ganz gut darin bin, ...
- Darauf bin ich stolz: ...

Heute ist *(Wochentag und Datum)*

MORGENS:

Wie war deine Nacht? *Traumlos* *Albtraummäßig* *Traumhaft*

Das möchte ich dazu festhalten: ...

Dinge aus meinem Plan von gestern, die ich noch machen möchte:

1.

2.

Neues Tagesziel für heute:

TAGSÜBER:

Gedanken, die kommen und gehen: ...

ABENDS:

TAG 344

Wie war dein Tag?

- Das muss ich dir unbedingt erzählen: ...
- Ich fühle mich: ...
- Darüber habe ich mich heute gefreut: ...
- Das hat mich zum Nachdenken gebracht: ...
- Ich brauche: ...

Heute ist *(Wochentag und Datum)*

MORGENS:

Wie war deine Nacht? *Traumlos* *Albtraummäßig* *Traumhaft*

Das möchte ich dazu festhalten: ...

Dinge aus meinem Plan von gestern, die ich noch machen möchte:

1.

2.

Neues Tagesziel für heute:

TAGSÜBER:

Gedanken, die kommen und gehen: ...

ABENDS:

TAG 345

Wie war dein Tag?

- Das habe ich heute erlebt: ...
- Ein Gedanke, der mir immer wieder kommt: ...
- Ich habe mir etwas vorgenommen, nämlich: ...
- Wen oder was kann ich derzeit einfach nicht ertragen?
- Wer oder was hilft mir gerade sehr?

Heute ist *(Wochentag und Datum)*

BELOHNUNGSTAG

Zum letzten Mal auf dieser Achterbahnfahrt ist ein Belohnungstag. Denn es dauert nicht mehr lange und du hast ein ganzes Jahr auf dieser Achterbahn verbracht. Eine wirklich besondere Leistung. Also kauf dir Blumen und schenk sie dir oder iss deine Lieblingsschokolade, buch dir eine kleine Reise oder lass dich bekochen, trink dein Lieblingsgetränk und stoß mit mir an. Auf dich!

TAG 346

Heute ist *(Wochentag und Datum)*

MORGENS:

Wie war deine Nacht? *Traumlos* *Albtraummäßig* *Traumhaft*

Das möchte ich dazu festhalten: ...

Dinge aus meinem Plan von gestern, die ich noch machen möchte:

1.

2.

Neues Tagesziel für heute:

TAGSÜBER:

Gedanken, die kommen und gehen: ...

ABENDS:

TAG 347

Wie war dein Tag?

- Diese drei Schlagworte sagen zu heute alles:

Heute ist *(Wochentag und Datum)*

MORGENS:

Wie war deine Nacht? *Traumlos* *Albtraummäßig* *Traumhaft*

Das möchte ich dazu festhalten: ...

Dinge aus meinem Plan von gestern, die ich noch machen möchte:

1.

2.

Neues Tagesziel für heute:

TAGSÜBER:

Gedanken, die kommen und gehen: ...

ABENDS:

TAG 348

Wie war dein Tag?

Auf einer Skala von 1 (schlecht) bis
10 (sehr gut), wo würdest du dich sehen?

1 2 3 4 5 6 7 8 9 10

- Heute war ich positiv überrascht von: ...
- Das hat mir ganz schön zugesetzt: ...
- Dafür bin ich ausgesprochen dankbar: ...

Heute ist *(Wochentag und Datum)*

MORGENS:

Wie war deine Nacht? *Traumlos* *Albtraummäßig* *Traumhaft*

Das möchte ich dazu festhalten: ...

Dinge aus meinem Plan von gestern, die ich noch machen möchte:

1.

2.

Neues Tagesziel für heute:

TAGSÜBER:

Gedanken, die kommen und gehen: ...

ABENDS:

TAG 349

Wie war dein Tag?

- Das muss ich dir unbedingt erzählen: ...
- Ich fühle mich: ...
- Darüber habe ich mich heute gefreut: ...
- Das hat mich zum Nachdenken gebracht: ...
- Ich brauche: ...

Heute ist *(Wochentag und Datum)*

MORGENS:

Wie war deine Nacht? *Traumlos* *Albtraummäßig* *Traumhaft*

Das möchte ich dazu festhalten: ...

Dinge aus meinem Plan von gestern, die ich noch machen möchte:

1.

2.

Neues Tagesziel für heute:

TAGSÜBER:

Gedanken, die kommen und gehen: ...

TAG 350

ABENDS:

Wie war dein Tag?

- Das habe ich heute erlebt: ...
- Ein Gedanke, der mir immer wieder kommt: ...
- Ich habe mir etwas vorgenommen, nämlich: ...
- Wen oder was kann ich derzeit einfach nicht ertragen?
- Wer oder was hilft mir gerade sehr?

Heute ist *(Wochentag und Datum)*

MORGENS:

Wie war deine Nacht? *Traumlos* *Albtraummäßig* *Traumhaft*

Das möchte ich dazu festhalten: ...

Dinge aus meinem Plan von gestern, die ich noch machen möchte:

1.

2.

Neues Tagesziel für heute:

TAGSÜBER:

Gedanken, die kommen und gehen: ...

ABENDS:

TAG 351

Wie war dein Tag?

- Das muss ich dir unbedingt erzählen: ...
- Ich fühle mich: ...
- Darüber habe ich mich heute gefreut: ...
- Das hat mich zum Nachdenken gebracht: ...
- Ich brauche: ...

Heute ist *(Wochentag und Datum)* . . . .

DEN JAHRESTAG VORBEREITEN

Bald ist es soweit und der Tag 0 jährt sich zum ersten Mal. Hab keine Angst davor. Denn du hast ganz viel Rückenwind im Gepäck, weil du es bis hierhin geschafft hast! Und du allein darfst darüber entscheiden, mit wem du diesen Tag begehen möchtest, oder ob du lieber allein sein willst. Möchtest du etwas unternehmen? Möchtest du weg? Oder genau dorthin, wo du damals warst, als die Achterbahnfahrt begonnen hat? Möchtest du dich ablenken oder ganz bewusst zurückblicken und dich erinnern? Vielleicht hast du gemerkt, wie deine Gefühle dir manches Mal ein Schnippchen geschlagen haben und du nicht Herr über deine wilden Emotionen gewesen bist, und vielleicht hast du aber auch bemerken können, dass all diese Gefühle gut sind, zu dir und deinem persönlichen Weg, zu deiner Achterbahnfahrt dazugehören!?

Bereite dich vor, bereite den Tag vor, ganz so, wie du es dir vorstellst. Erstelle hier deine Checkliste mit allen To-dos und alle Don'ts. Natürlich darfst du auch durchstreichen und korrigieren. Es wird dich die kommenden Tage noch beschäftigen. Darum starte einfach und denke daran, dass niemand erwartet, was du tun wirst und was du lassen wirst. Höre auf deinen Bauch und vertraue auf deine innere Stimme.

Checkliste:

TAG 352

Heute ist *(Wochentag und Datum)*

MORGENS:

Wie war deine Nacht? *Traumlos* *Albtraummäßig* *Traumhaft*

Das möchte ich dazu festhalten: ...

Wenn ich einen kurzen Blick zurück auf den vergangenen Monat werfe, dann hat sich Folgendes verändert:

Neues Tagesziel für heute:

TAGSÜBER:

Gedanken, die kommen und gehen: ...

ABENDS:

TAG 353

Wie war dein Tag?

- Diese drei Schlagworte sagen zu heute alles:

Heute ist *(Wochentag und Datum)*

MORGENS:

Wie war deine Nacht? *Traumlos* *Albtraummäßig* *Traumhaft*

Das möchte ich dazu festhalten: ...

Dinge aus meinem Plan von gestern, die ich noch machen möchte:

1.

2.

Neues Tagesziel für heute:

TAGSÜBER:

Gedanken, die kommen und gehen: ...

ABENDS:

TAG 354

Wie war dein Tag?

Auf einer Skala von 1 (schlecht) bis 10 (sehr gut), wo würdest du dich sehen?

1 2 3 4 5 6 7 8 9 10

- Heute war ich positiv überrascht von: ...
- Das hat mir ganz schön zugesetzt: ...
- Dafür bin ich ausgesprochen dankbar: ...

Heute ist *(Wochentag und Datum)*

MORGENS:

Wie war deine Nacht? *Traumlos* *Albtraummäßig* *Traumhaft*

Das möchte ich dazu festhalten: ...

Dinge aus meinem Plan von gestern, die ich noch machen möchte:

1.

2.

Neues Tagesziel für heute:

TAGSÜBER:

Gedanken, die kommen und gehen: ...

ABENDS:

TAG 355

Wie war dein Tag?

- Das habe ich heute erlebt: ...
- Ein Gedanke, der mir immer wieder kommt: ...
- Ich habe mir etwas vorgenommen, nämlich: ...
- Wen oder was kann ich derzeit einfach nicht ertragen?
- Wer oder was hilft mir gerade sehr?

Heute ist *(Wochentag und Datum)*

MORGENS:

Wie war deine Nacht? *Traumlos* *Albtraummäßig* *Traumhaft*

Das möchte ich dazu festhalten: ...

Dinge aus meinem Plan von gestern, die ich noch machen möchte:

1.

2.

Neues Tagesziel für heute:

TAGSÜBER:

Gedanken, die kommen und gehen: ...

ABENDS:

TAG 356

Wie war dein Tag?

- Das möchte ich verändern: ...
- Ich merke, dass ich schon ganz gut darin bin, ...
- Darauf bin ich stolz: ...

Heute ist *(Wochentag und Datum)*

MORGENS:

Wie war deine Nacht? *Traumlos* *Albtraummäßig* *Traumhaft*

Das möchte ich dazu festhalten: ...

Dinge aus meinem Plan von gestern, die ich noch machen möchte:

1.

2.

Neues Tagesziel für heute:

TAGSÜBER:

Gedanken, die kommen und gehen: ...

TAG 357

ABENDS:

Wie war dein Tag?

- Das muss ich dir unbedingt erzählen: ...
- Ich fühle mich: ...
- Darüber habe ich mich heute gefreut: ...
- Das hat mich zum Nachdenken gebracht: ...
- Ich brauche: ...

Heute ist *(Wochentag und Datum)*

MORGENS:

Wie war deine Nacht? *Traumlos* *Albtraummäßig* *Traumhaft*

Das möchte ich dazu festhalten: ...

Dinge aus meinem Plan von gestern, die ich noch machen möchte:

1.

2.

Neues Tagesziel für heute:

TAGSÜBER:

Gedanken, die kommen und gehen: ...

ABENDS:

TAG 358

Wie war dein Tag?

- Diese drei Schlagworte sagen zu heute alles:

Heute ist *(Wochentag und Datum)*

MORGENS:

Wie war deine Nacht? *Traumlos* *Albtraummäßig* *Traumhaft*

Das möchte ich dazu festhalten: ...

Dinge aus meinem Plan von gestern, die ich noch machen möchte:

1.

2.

Neues Tagesziel für heute:

TAGSÜBER:

Gedanken, die kommen und gehen: ...

ABENDS:

TAG 359

Wie war dein Tag?

Auf einer Skala von 1 (schlecht) bis 10 (sehr gut), wo würdest du dich sehen?

1 2 3 4 5 6 7 8 9 10

- Heute war ich positiv überrascht von: ...
- Das hat mir ganz schön zugesetzt: ...
- Dafür bin ich ausgesprochen dankbar: ...

Heute ist *(Wochentag und Datum)*

MOODBOARD II

Erinnerst du dich noch an dein erstes Stimmungsbild zu Beginn deiner Reise? Heute möchte ich noch einmal mit dir eine Collage erstellen. Dieses Mal darfst du wieder nach deinen eigenen Vorstellungen und nach Herzenslust in Zeitungen, Zeitschriften oder alten Briefen und Bildern wühlen, Seiten herausreißen oder Fotos ausschneiden und zu einem Gesamtkunstwerk zusammenkleben. Natürlich sind auch dieses Mal wieder persönliche Worte und Sätze erlaubt, die das Bild vervollständigen sollen. Du kannst es auf eine Leinwand kleben oder ein großes Blatt Papier nutzen.

Wenn du nun deine beiden Stimmungsbilder nebeneinanderlegst oder stellst und diese betrachtest: Was für Unterschiede kannst du bemerken und was ist vielleicht ähnlich?

TAG 360

Heute ist *(Wochentag und Datum)*

MORGENS:

Wie war deine Nacht? *Traumlos* *Albtraummäßig* *Traumhaft*

Das möchte ich dazu festhalten: ...

Das hier habe ich seit dem Tag 0 wirklich gut hinbekommen:

Neues Tagesziel für heute:

TAGSÜBER:

Gedanken, die kommen und gehen: ...

ABENDS:

TAG 361

Wie war dein Tag?

- Das habe ich heute erlebt: ...
- Ein Gedanke, der mir immer wieder kommt: ...
- Ich habe mir etwas vorgenommen, nämlich: ...
- Wen oder was kann ich derzeit einfach nicht ertragen?
- Wer oder was hilft mir gerade sehr?

Heute ist *(Wochentag und Datum)*

BRIEF AN MICH SELBST

Du hast mit der Methode des „automatischen Schreibens“ schon einmal einen Brief an jemand anderen verfasst. Heute geht es um dich. Nimm dir ein Blatt Papier und einen schönen Stift zur Hand, mit dem du gern und gut schreiben kannst.

Wie lang oder kurz dein Brief wird, spielt heute keine Rolle, und dieses Mal darfst du auch gern absetzen und eine Pause machen. In deinem Brief an dich selbst sollen drei wichtige Komponenten enthalten sein:

1. Rückblick auf das, was geschehen ist.

2. Was ist dir auf der Achterbahnfahrt gut gelungen, worin hättest du gern mehr Verständnis und Unterstützung bekommen wollen und von wem?

3. Deine Wünsche, Hoffnungen und Träume.

4. Dein Versprechen an dich selbst: Was möchtest du wie und mit wem bis wann gemacht oder geschafft haben?

5. Lobe dich selbst: Nenne mindestens 5 Dinge oder Eigenschaften, auf die du stolz sein darfst!

Du darfst diesen Brief auch gern abschicken und an dich selbst adressieren. Oder lies ihn doch einmal laut vor, wenn du fertig bist! Er gehört dir allein!

TAG 362

Heute ist *(Wochentag und Datum)*

MORGENS:

Wie war deine Nacht? *Traumlos* *Albtraummäßig* *Traumhaft*

Das möchte ich dazu festhalten: ...

Dinge aus meinem Brief, die zu meinem neuen Ich gehören werden:

1.

2.

Neues Tagesziel für heute:

TAGSÜBER:

Gedanken, die kommen und gehen: ...

ABENDS:

TAG 363

Wie war dein Tag?

- Diese drei Schlagworte sagen zu heute alles:

Heute ist *(Wochentag und Datum)*

MORGENS:

Wie war deine Nacht? *Traumlos* *Albtraummäßig* *Traumhaft*

Das möchte ich dazu festhalten: ...

Dinge aus meinem Plan von gestern, die ich noch machen möchte:

1.

2.

Neues Tagesziel für heute:

TAGSÜBER:

Gedanken, die kommen und gehen: ...

TAG 364

ABENDS:

Wie war dein Tag?

Auf einer Skala von 1 (schlecht) bis 10 (sehr gut), wo würdest du dich sehen?

1 2 3 4 5 6 7 8 9 10

- Heute war ich positiv überrascht von: ...
- Das hat mir ganz schön zugesetzt: ...
- Dafür bin ich ausgesprochen dankbar: ...

Heute ist *(Wochentag und Datum)* . . . .

DIE ZEIT MIT MIR ALS DEIN BEGLEITER GEHT ZU ENDE

Ein ganzes Trauerjahr liegt hinter dir. Wahnsinn! Alles hast du einmal gemeistert: Geburtstag, Weihnachten, Erinnerungen an besondere Tage und Orte – den Tag 0!

Du hast mit diesem Buch ein Erinnerungswerk geschaffen, das dir niemand nehmen kann. Du kannst immer wieder darin blättern und darfst stolz auf deine Fahrt auf der Achterbahn sein.

Mit dem Tag heute ist die Trauer sicher nicht vorbei, aber du hast einen riesengroßen Schritt gemacht, dich neu zu orientieren. Herzlichen Glückwunsch! Das hast du ganz toll gemacht! Darum heißt es jetzt für dich: Beglückwünsche dich einmal selbst. Schau in den Spiegel und sag laut „Das hast du wirklich gut gemacht" oder klopf dir mal selbst auf die Schulter. Ja, wirklich! Das solltest du tun. JETZT!

Wenn du abschließend auch die folgende Seite noch befüllen möchtest, dann freue ich mich. Vielleicht findet das Buch ja bald seinen Platz in deiner Erinnerungsbox zusammen mit all den anderen Dingen, die du hineingelegt hast!? Denn eines Tages ist es wichtig, auch ein Stück von der Trauer loszulassen, damit du frei sein kannst. Es bleibt ohnehin alles Wichtige in deinem Herzen fest verankert! Ich wünsche dir jedenfalls alles Liebe für deinen weiteren Weg. Du bist großartig! Denk immer daran!

- Wenn ich durch mein Tagebuch blättere, dann fällt mir auf, dass ...
- Das alles hat sich seit Tag 0 verändert ...
- Ich bin wirklich stolz darauf, ...
- Mich hat positiv überrascht, dass ...
- So lässt sich meine persönliche Achterbahnfahrt in einem Satz beschreiben: ...
- Was ich mir vornehmen werde für die kommende Zeit ...

TAG 365

Das sind meine konkreten Pläne und Ziele dabei:

Und das ist mein Wunsch für meine Zukunft:

NACHWORT

Vielen, herzlichen Dank, dass ich dich ein Stück begleiten durfte!

Ich hoffe, deine Fahrt auf der Achterbahn hat dich eine ordentliche Portion stärker werden und einige schöne Momente mit diesem Buch erleben lassen. Ich wünsche dir von Herzen ein wundervolles, glückliches und erfülltes, weiteres Leben mit all deinen Erinnerungen im Gepäck. Lass dich davon ein wenig tragen und blick mutig nach vorn.

Zum Abschluss möchte ich dir nur noch diese Zeilen von Johannes Oerding aus seinem Lied „Alles okay" mitgeben:

Das alles tat weh
Und nichts war okay
Manchmal gibt es Risse
Stiche und Schnitte
Doch Gras wächst schneller als man denkt
Unsere Narben sind 'n Leben lang zu sehen
Doch irgendwann tut's nicht mehr weh
Dann ist es wieder okay, wieder okay, schon wieder okay
Die Gewitter folgen uns niemals für ewig
Und immer regnen kann es eh nicht
Dann ist es wieder okay, wieder okay, schon wieder okay
Alles okay ...

Und nun wünsche ich dir, dass du „okay" bist. Natürlich ist es anders und neu und vielleicht auch immer wieder wackelig zwischendurch, aber das ist eben auch „okay"! Ein wenig Traurigkeit darf sein und bleiben, aber vor allem genauso die Hoffnung, Zuversicht und das Leben!

Herzlichst,
deine Kerstin Leyendecker

LITERATURVERWEISE

A. Bernjus & A. Cavelius, Waldbaden, 2020, München: mvg.

J.-P. Garattoni & C. Salvesen, Entspannen nach Edmund Jacobsen, 2009, Ohmden

M.S. Stroebe & H. Shut, Handbook of Bereavement Research and Practice, 2001, Washington

Initiative Mein Erbe tut Gutes, Das Prinzip Apfelbaum. 11 Persönlichkeiten zur Frage „Was bleibt?", 2018, Berlin: Vergangenheitsverlag

Conny Smolny, Komm, sanfter Tod, des Schlafes Bruder. Eine Kulturgeschichte des Todes, 2016, Berlin: Vergangenheitsverlag

www. Mandala-bilder.de

WICHTIGE UND HILFREICHE KONTAKTE

Manchmal ist der Weg allein einfach zu schwer und die Achterbahn nimmt kein Ende!

Dann sind folgende AnsprechpartnerInnen gerne für dich da.

Telefonseelsorge Deutschland – erreichbar rund um die Uhr, an jedem Tag:

- 0800 111 0 111

Bundesverband Trauerbegleitung – hier findest du nach Postleitzahlen sortiert professionelle und zertifizierte TrauerbegleiterInnen in ganz Deutschland, die dir in Einzelberatungen oder Trauergruppen weiterhelfen können:

- https://www.bv-trauerbegleitung.de
- https://www.trauergruppen.de

Das Netzwerk Bohana weist unterschiedlichste DienstleisterInnen zum Thema Trauer und Verlust aus:

- https://bohana.de

Selbsthilfeorganisation für Trauernde, die einen nahestehenden Menschen durch Suizid verloren haben:

- https://agus-selbsthilfe.de

Verwaiste Eltern und Geschwister e.V.:

- https://www.veid.de
- https://sternchenkinder.de

Junge, verwitwete Menschen:

- https://www.verwitwet.de

Dein Hausarzt oder Arzt des Vertrauens kann ebenso wie deine Krankenkasse an ansässige Psychologen oder Psychotherapeuten verweisen! In akuten Fällen hilft ausnahmslos sofort die Notfallambulanz eines jeden Krankenhauses.

Innerhalb deiner Kirchengemeinde oder deines Kirchenkreises gibt es zudem SeelsorgerInnen, an die du dich ebenfalls vertrauensvoll wenden kannst!

Meine Dienste kannst über www.kerstinleyendecker.de abrufen.
Ich bin auch gern online für dich da!

ÜBER DIE AUTORIN

Kerstin Leyendecker ist Kommunikations- & Betriebspsychologin (M.Sc.) und dreifache Mutter. Nach ihrer Karriere als Führungskraft im Handel und in der Personalentwicklung arbeitet sie heute als systemischer Coach in Veränderungsprozessen, als Trauerbegleiterin, freie Rednerin und Dozentin. Aufgrund eigener Erfahrungen im beruflichen Alltag sowie im privaten Umfeld zum Thema Trauer, Tod und Verlust liegt der Schwerpunkt ihrer Arbeit in der Begleitung von Krisensituationen für Unternehmen und trauernde Menschen. Die Persönlichkeitsentwicklung eines jeden Menschen und die individuelle Vorgehensweise in ihrer Arbeit sind richtungsweisend. Kerstin Leyendecker wurde 1977 in Düsseldorf geboren und lebt heute mit ihrer Familie in der Nähe von Bielefeld.